DER STAATS VIRUS

Gunter Frank

Mehr über unsere Publikationen und Autoren:
www.achgut.com

Das Werk einschließlich aller seiner Teile ist urheberrechtlich geschützt.
Jede Verwertung ist ohne die Zustimmung des Verlags unzulässig.
Das gilt insbesondere für Vervielfältigungen, Übersetzungen,
Mikroverfilmungen, die Speicherung und Verarbeitung auf elektronischen
Systemen und die Publikation auf Online-Medien.

Achgut Edition ist ein Verlag der
Achgut Media GmbH, Berlin
ISBN 978-3-9819755-9-8
3. Auflage: 17.001–19.000, Berlin 2021

© Achgut Edition, Verlag der Achgut Media GmbH, Berlin 2021
© Umschlag: Fabian Nicolay, Berlin
© Foto des Autors auf Umschlag innen: Rainer Wolfsberger, Zürich
Alle Rechte vorbehalten

Umschlaggestaltung und Satz: usus.kommunikation, Berlin
Druck und Bindung: CPI books GmbH, Leck
Printed in Germany

Inhalt

Einleitung	7

Teil 1
Die Pandemie

1. Grundlegende Fragen	12
2. Die Krankheit Covid-19 und ihre Therapie	15
3. Das Beatmungsdrama	20
4. Der PCR-Test – Dreh- und Angelpunkt	25
5. Infektionssterblichkeit	30
6. Ansteckungsgefahr	34
7. Das historische Versagen des Robert-Koch-Instituts	42
8. Wie viele Covid-Kranke gab es?	47
9. Die dringende Botschaft der Covid-Sterbestatistik	55
Fazit Teil 1 – Gibt es eine epidemische Lage von nationaler Tragweite?	62

Teil 2
Die Maßnahmen

10. Die Panikstrategie der Regierung	68
11. Lockdown – der Nutzen	77
12. Lockdown – der Schaden	88
13. Das Pflegedrama	102
14. AHA – Abstand, Hygiene, Alltagsmasken	109
15. Impfung	114
Fazit Teil 2 – Sind die Maßnahmen verhältnismäßig?	119

Teil 3
Eine Gesellschaft auf Abwegen
16. Vernunft – Grundlage einer erfolgreichen Gesellschaft 124
17. Moralismus und seine zerstörerische Wirkung 138
18. Die Neopuritaner und die Verdrängung von Kompetenz 144
19. Die Angstgesellschaft 150
20. Spaltung der Gesellschaft 158
21. Medien – Haltung verdrängt Information 168
22. Ideolog*innen kapern die Universität 173
23. Demokratie ist kein Schlafwagen 180
Zusammenfassung – Der Staatsvirus: 189
  Eine Gesellschaft verliert ihre Immunität

Schluss
Zurück zur Normalität – nur wie? 191

Quellen, Literatur und Links 195
Register 196

Einleitung

Anfang März 2020 klingelte mitten in meiner Sprechstunde das Telefon. Am Apparat meldete sich Dirk Maxeiner, Chefredakteur des einflussreichsten politischen Internetblogs in Deutschland, der *Achse des Guten (www. achgut.com)*. Auf dessen Seite werden täglich Texte von Wissenschaftlern, Journalisten, Ingenieuren, Politikern und Buchautoren publiziert, von Henryk M. Broder über Monika Maron und Cora Stephan bis Mathias Döpfner. Er bat mich, über die aktuelle Corona-Pandemie regelmäßige Beiträge zu schreiben, um seine Leser auf dem Laufenden zu halten. Seitdem entstanden ca. 50 vieldiskutierte, vielgeteilte Beiträge zur Corona-Lage.

Anfangs fragte ich mich wie jeder Arzt, was von der sich abzeichnenden Frühjahrsinfektionswelle zu halten sei. Insbesondere von den schrecklichen Bildern aus Bergamo, die damals die Schlagzeilen bestimmten. Würde sie so verlaufen wie eine Grippewelle, also so, wie wir es seit Jahren kennen? Was nicht gleichzusetzen ist mit: harmlos. 2018 starben in Deutschland hochgerechnet ca. 25.000 Menschen an einer Grippe, 1968 geschätzt 60.000 Menschen an der Hongkong-Grippe. Oder rollte statt einer Grippewelle etwas viel Gefährlicheres auf uns zu? Zu diesem Zeitpunkt waren mir die immer apokalyptischeren Katastrophenwarnungen der medial dauerpräsenten Virologen jedoch schon sehr suspekt, trotz oder gerade wegen der hochemotionalisierten Berichterstattung aus Bergamo.

Das liegt auch daran, dass ich Hausarzt bin. Denn wir Hausärzte sind die Spezialisten, wenn es darum geht, die wenigen wirklich schweren Fälle von den viel zahlreicheren harmloseren zu unterscheiden. Würden wir Hausärzte es nicht hinbekommen, ohne großen technischen Aufwand zwischen einer gut beherrschbaren Erkrankung einerseits und einer gefährlichen andererseits, wie beispielsweise Krebs, zu unterscheiden, dann würden wir alle Patienten in die großen Abklärungswege der Krankenhäuser schicken und damit das Gesundheitssystem de facto lahmlegen.

Hausärzte sind auch Spezialisten für den Blick aufs Ganze, der im Rahmen der Corona-Krise zu kurz kam. Wir sehen oft, dass Behandlungen, die zum Schutz eines Organs verordnet werden, manchmal den ganzen Körper krankmachen. Und dass präventive Therapien sich durch ihre

Nebenwirkungen auf lange Sicht nicht selten schädlicher auswirken als die Krankheit, vor der sie schützen sollen. Und so lautet aus gutem Grund der wichtigste medizinische Grundsatz, der auf den antiken Arzt Hippokrates zurückgeht: Eine Therapie darf nicht mehr schaden als die Krankheit selbst. Zu oft hält sich die Medizin nicht an diesen Grundsatz. Leider auch nicht während der Corona-Krise. Unisono wurde auf allen Kanälen der Eindruck verbreitet, das einzig wichtige medizinische Problem einer Gesellschaft bestünde darin, Covid-19-Lungenentzündungen zu vermeiden. Die Angst vor einer Überbelegung der Intensivstationen wurde zum Dreh- und Angelpunkt jeglichen Handelns, dessen Nebenwirkungspotential plötzlich keine Rolle spielte.

Doch die Nebenwirkungen sind unabsehbar. Noch nie in der jüngeren Geschichte wurde unser Leben derartig eingeschränkt wie während der Corona-Pandemie. Dabei vertraute der größte Teil der Bevölkerung dem Krisenmanagement der Bundesregierung und stimmte den Schutzmaßnahmen in beeindruckend solidarischer Weise zu. Doch war dieser Weg wirklich alternativlos? Hätte man der Krise nicht anders begegnen können, ja müssen? Ist man wirklich immer erst hinterher schlauer?

Heute, ein Jahr nach Ausbruch der Pandemie, zeigt sich zunehmend das ganze Ausmaß der Schäden: gesellschaftlich, finanziell und gesundheitlich. Sie werden uns noch viele Jahre tiefgreifend einschränken. Viele stehen schon heute am Rande ihrer beruflichen Existenz. Alle, die unter der Corona-Politik leiden, haben deshalb einen Anspruch auf eine sachliche und faktenbasierte Aufarbeitung. Diese Aufarbeitung möchte ich Ihnen mit diesem Buch in nüchternem, aber stellenweise schonungslosen Ton anbieten. Das Ergebnis zeichnet kein gutes Bild von der Widerstandskraft unserer Gesellschaft. Wie kann es sein, dass die Bekämpfung einer ernsthaften, aber keineswegs außergewöhnlich tödlichen Infektionskrankheit zu einer gesellschaftlichen Verwerfung führt, die unser gesamtes Land traumatisiert und zutiefst spaltet?

Das Buch gliedert sich in drei Teile. Im ersten Teil geht es darum, ob es sich bei der neuen Corona-Pandemie wirklich um eine außerordentliche, nationale Bedrohung handelt. Im zweiten Teil stehen die Schutzmaßnahmen im Fokus. Sind sie verhältnismäßig? Im dritten Teil geht es um die wirklichen Ursachen des aus dem Ruder gelaufenen Krisenmanagements. Sie liegen viel tiefer. Denn das Corona-Virus scheint im pandemischen Gang durch die Institutionen eine Mutation erfahren zu haben. Es ist von einem biologischen zu einem systemischen Problem geworden, das weit größer ist als sein Ursprung. Der so entstandene Staatsvirus verbreitet exponentiell Angst und Chaos und lässt kaum noch Raum für Vernunft und Verantwortungsgefühl. Wenn wir keine Therapie dagegen finden, wird er unsere demokratische Gesellschaft immer weiter schwächen. Keine gute Prognose für zukünftige Herausforderungen. Deshalb sollten wir die Chance nutzen, aus den katastrophalen Fehlern der Corona-Krise zu lernen. Wir dürfen sie nicht unter den Teppich kehren und sollten uns stattdessen die Ursachen bewusst machen.

Weil wir es in Zukunft besser machen müssen. Viel besser.

Nachtrag zur 2. Auflage
Ein Autor freut sich stets, wenn sein Werk neue Auflagen erlebt. Doch meine Freude ist getrübt. Denn die Analyse dieses Buchs bleibt leider auch im August 2021 hochaktuell. Zwar verliert das ursprüngliche Coronavirus im Laufe seiner Mutationen naturgemäß seine Gefährlichkeit, der Staatsvirus jedoch breitet sich weiter ungehindert aus. Corona-Impfungen für Kinder entgegen den Empfehlungen aller Experten politisch durchzusetzen, ist ein wahnsinniges Spiel mit der Gesundheit von Wehrlosen. Lockdowns mit einem vom Bundesrechnungshof festgestellten plumpen Abrechnungsschwindel der Krankenhäuser zu rechtfertigen, ist kriminell. Die Spaltung der Bevölkerung in Gehorsame und unbotmäßige Skeptiker schreitet voran, unverhohlen wird damit gedroht, Ungeimpfte demnächst vom gesellschaftlichen Leben auszuschließen. Regierungskritische Demonstrationen werden einfach verboten und buchstäblich niedergeknüppelt. Die Frage aus Kapitel 23 wird deshalb immer dringlicher: Was muss eigentlich noch geschehen, damit das Bundesverfassungsgericht endlich anfängt, das Grundgesetz vor dieser Politik zu schützen? Ich hoffe sehr, dass das Vorwort zur nächsten Auflage Positiveres vermelden kann. Steter Tropfen höhlt, wie jede Buchseite, schließlich selbst die härteste Wirklichkeitsverweigerung.

Teil 1

Die Pandemie

Teil 1

Kapitel 1
Grundlegende Fragen

Wie fühlen Sie sich, wenn Sie auf der Titelseite einer großen Zeitung Folgendes lesen? *„Totenstau im Krematorium – Dreischichtbetrieb wegen immer mehr Fällen. Dresden: Verzierte Särge drängen sich neben schmucklosen. Schon dicht an dicht lagern die Toten im Krematorium Meißen. Und der Nachschub aus ganz Deutschland reißt nicht ab."* Dazu noch Bilder sich stapelnder Särge oder wie diese mit Militärfahrzeugen abtransportiert werden. Da kommt einem das Gruseln und die Angst steigt auf, ob der eigene Sarg sich nicht demnächst dort einreihen wird. Gegen solche Bilder und Schlagzeilen ist Vernunft zunächst machtlos. Die Presse liebt schlechte Nachrichten, sie steigern die Auflage, *bad news are good news*. Doch darf sich die Politik davon leiten lassen? Die obige Meldung stammt nicht aus dem Corona-Jahr 2020, sondern aus dem Grippejahr 2018. Sie stand am 12. März 2018 als Schlagzeile in der *Bild*. Es handelte sich um Grippeerkrankte, die, meist hochbetagt, in einer höheren Zahl als in den Jahren davor an dem aktuellen Influenza-Virus gestorben waren. Wie heute waren die Schlagzeilen voll von überbelegten Krankenhäusern in ganz Deutschland, Betten, die in den Fluren standen, Personalengpässen und Notaufnahmen, die schließen mussten. Man sah Krematorien, in denen man nicht mehr mit dem Verbrennen von Leichen hinterherkam. Dennoch ging damals das Leben ungerührt weiter. Was war 2020 anders?

Kurz zu den Begrifflichkeiten: Wenn es um das neue Virus geht, spreche ich vom SARS-CoV-2 (severe acute respiratory syndrome coronavirus type 2) oder einfach dem neuen Corona-Virus. Geht es um die dadurch ausgelöste, schwere Erkrankung, spreche ich von Covid-19 (coronavirus disease 2019, deutsch Corona-Virus-Krankheit-2019), umgangssprachlich dann auch von Covid oder Corona-Infektion. Eine Epidemie ist eine Infektion, die sich schnell verbreitet, weil ein Infizierter mehr als eine weitere Person ansteckt. Als Pandemie wird sie bezeichnet, wenn dies weltweit geschieht. Die Zahl der Infizierten nimmt so teilweise rasant zu. Eine Endemie ist dagegen eine Infektion, bei der ein Infizierter nicht mehr als eine weitere Person ansteckt. Die Zahl der Infizierten bleibt gleich oder schwindet. Eine Epidemie endet oft in einer Endemie.

Welche Fragen stehen am Anfang einer Epidemie im Vordergrund?

Es wird immer und immer wieder behauptet, am Anfang der Corona-Pandemie habe es zu wenig Daten gegeben, um eine ausreichende Einschätzung für die kommende Bedrohung vornehmen zu können. Man musste vom Schlimmsten ausgehen und die Maßnahmen dementsprechend umfangreich umsetzen. Alles andere wäre unverantwortlich gewesen. Stimmt das wirklich?

Bei der Einschätzung der Gefährlichkeit einer neuen, sich ausbreitenden Infektion sollte man sich erstrangig für die Krankheit interessieren, die sie auslöst: Symptome, Schwere, die Sterblichkeit, die genauen Todesursachen. Und dann für die Ansteckung: wer sich ansteckt, wer nicht und warum, wer schwer erkrankt und wer nicht. Dabei gilt es zu unterscheiden:

1. Wie gefährlich ist sie für den Erkrankten?
2. Wie gefährlich ist sie für die Gesellschaft?

Die Antwort auf Frage eins betrifft nur die Medizin und hilft dem Arzt, die richtige Behandlung zu wählen. Die Antwort auf Frage zwei betrifft auch die Politik. Sie muss einschätzen, ob sie die Medizin bei der Krankheitsbekämpfung unterstützen muss. Es ist sehr wichtig, diese zwei Fragen voneinander zu trennen. Eine Erkrankung kann für den Betroffenen katastrophal sein, aber dennoch für das Funktionieren einer Gesellschaft keine Bedrohung darstellen. Die Todesursachenstatistiken führen Herzkrankheiten und Krebs an. So fatal sich diese Erkrankungen auf den Betroffenen auswirken, beeinträchtigen sie die Gesellschaft dennoch nicht wesentlich, denn wir haben unser Gesundheitssystem ausreichend darauf ausgerichtet. Es gibt aber auch Erkrankungen, die eine Gesellschaft schwer belasten. In erster Linie sind dies Epidemien, weil sie zu schnell und in einer zu großen Zahl zu schwer Erkrankten führen können, die dann das Gesundheitssystem und anschließend die gesamte Gesellschaft überfordern. Man muss diese zwei Qualitäten, die individuelle und die gesellschaftliche, getrennt beurteilen. Denn nur wenn die Medizin überfordert ist, sollte sich die Politik mit Schutzmaßnahmen einmischen.

Information statt Emotion

Da Infektionsschutzmaßnahmen immer mit einer allgemeinen Belastung verbunden sind, hat man sie klug abzuwägen. Und das geht nur über eine nüchterne Bewertung allgemein vorliegender Daten. Seit 30 Jahren bin ich Arzt und habe viele Menschen beim Sterben begleitet. Viele schliefen einfach ein, manche litten unter Schmerzen, manche starben viel zu früh und andere mit schon lange gepackten Koffern für die letzte Reise. Als Hausarzt kennt man den Tod, und wenn ich darüber spreche, dann niemals ohne das Leid, das hinter abstrakten Sterbezahlen und Todesziffern steht, außer Acht zu lassen. Denn ich habe es erlebt.

Doch wenn man eine Krankheitsgefahr bezogen auf die gesamte Gesellschaft bewerten soll, ist Emotionalität ein schlechter Ratgeber. Sie verstellt den Blick auf die Gesamtzahlen. Wer eine katastrophale Bedeutung für die Gesellschaft durch eine anekdotische Berichterstattung vermittelt, über dramatische Einzelfälle oder nichtssagende Bilder aus Intensivabteilungen, die immer Urängste ansprechen, der will nicht informieren, sondern emotionalisieren. Das trübt den klaren Blick und soll Kritiker herz- und verantwortungslos wirken lassen. Doch bei einer Wahl zwischen Alternativen, die alle auf ihre Weise Opfer fordern, kann nur Vernunft das richtige Maß an wirksamen Schutzmaßnahmen herausfinden, bei gleichzeitig möglichst geringem Kollateralschaden.

Deshalb gilt es nüchtern zu unterscheiden: Wie schwer ist die Erkrankung namens Covid-19 für den Erkrankten? Und wie gefährlich ist die Corona-Pandemie für die Gesellschaft? Die fehlende Trennung dieser zwei unterschiedlichen Fragestellungen war einer der grundlegenden Fehler im Corona-Krisenmanagement. Führen wir diese Trennung nun sauber durch und beginnen wir mit der Bedeutung von Covid-19 nur bezogen auf den Erkrankten selbst.

Kapitel 2
Die Krankheit Covid-19 und ihre Therapie

Die Erkrankung Covid-19 gehört zur Gruppe der Viruspneumonien, die oft vielgestaltig sind. Sie wird ausgelöst durch das neue Corona-Virus mit Namen SARS-CoV-2. In meiner eigenen Sprechstunde zeigten die wenigen Covid-Patienten, die ich erlebte, Symptome wie Hals-, Kopf- und Gliederschmerzen, hohes Fieber, Appetitverlust, oft gefolgt von Husten, starker Schlappheit, Konzentrationsmangel. Vor Corona ordnete man diese Beschwerden, wie in jedem Winter und Frühjahr, allgemein der jährlichen Grippewelle zu. Nur Spezialisten unterschieden die zugrundeliegenden Viren wie Influenza-(Grippe-)viren, Corona-Viren oder auch Adenoviren. Auffallend bei dieser Infektionswelle war jedoch ein häufig wochenlanger Geschmacks- und Geruchsverlust, der oft sogar vor den eigentlichen Grippesymptomen auftrat.

Der typische Krankheitsverlauf unterschiedlicher Schweregrade verlief meist folgendermaßen: 95 % bemerken eine Infektion mit SARS-CoV-2 gar nicht oder erleben eine Woche lang milde Krankheitssymptome, die dann ausheilen. Bei manchen entwickelt sich jedoch in der zweiten Woche eine sich rasch verschlechternde, beidseitige Lungenentzündung mit Atemnot, die in manchen Fällen zu einer Krankenhauseinweisung führte. Entscheidend für die Diagnose ist weniger der Test als die Symptomatik der Patienten, vor allem die typischen Lungenveränderungen, festgestellt in einem CT, sowie eine Blutdiagnostik, um zum Beispiel andere Ursachen auszuschließen. Bei manchen Patienten hält sich das Virus nicht erst im Rachen auf, sondern gelangt direkt in die Lungenbläschen. Deswegen ist ein Rachenabstrich dann sogar häufig negativ. In der Lunge löst es dann sofort die schwere beidseitige Lungenentzündung aus, an der die meisten Covid-Opfer gestorben sind. Nach einer überstandenen akuten Erkrankung leiden einige weiterhin unter einer Symptomatik, die mittlerweile als Long Covid bezeichnet wird.

Long Covid

Erschöpfung, Müdigkeit, Abgeschlagenheit sind bei Long Covid die häufigsten Symptome. Einer meiner Patienten leidet auch nach der akuten Covid-Phase an einer inzwischen vier Monaten langen extremen Schwäche und Konzentrationsmangel. Selbst bei E-Mails unterlaufen ihm banalste Rechtschreibfehler, und das als Deutschlehrer! Kollegen beobachten ebenfalls neurologische Symptome. Sowohl Störungen der Beweglichkeit als auch der Empfindung. Alle diese Symptome treten individuell auf, manchmal in Wellen. Warum das so ist, ist derzeit unbekannt. Die Schwere der akuten Erkrankung scheint aber mit der Heftigkeit der späteren Long-Covid-Symptome zusammenzuhängen. Bis jetzt scheint es so, dass spätestens nach sechs Monaten die allermeisten Symptome verschwunden sind. Derzeit schätzt man, dass ca. 1–10 % der erkrankten Covid-Patienten mehr oder weniger stark davon betroffen sind. Es gilt abzuwarten, inwieweit sich diese schwere Symptomatik für manche zum Dauerproblem entwickelt.

Vaskulitis

Eine Vaskulitis ist eine Entzündung der Blutgefäße. Sie kann dadurch verschiedenste Organe betreffen und ist deshalb eine sehr gefährliche Erkrankung. Gefäßentzündungen wurden bei Covid-Verstorbenen nachgewiesen, auch als Todesursache, so dass man derzeit davon ausgehen muss, dass Covid-19 bei schweren Verläufen auch eine Gefäßerkrankung ist. Diese könnte auch mit den Embolien zu tun haben, die ebenfalls im Zusammenhang mit Covid auffallen. Wie viele Covid-Patienten davon betroffen sind, dazu habe ich keine Statistik gefunden. Aber es ist eine reale Gefahr, allerdings sicher die große Ausnahme bei Covid-Erkrankten.

MIS-C

Bei Kindern gibt es eine seltene Entzündungskrankheit, von der plötzlich mehrere Organe betroffen sind. Sie wurde zuerst 1967 beschrieben und wird als Kawasaki-Syndrom bezeichnet. Aktuell wird diskutiert, ob solche gefährlichen Symptome auch die Folge einer meist asymptomatischen Corona-Infektion bei Kindern sein könnten. Sie fallen Wochen nach der

Infektion auf, meist durch hohes Fieber und Bauchschmerzen. Wegen Herzproblemen müssen viele dieser Kinder im Krankenhaus behandelt werden. Die aktuelle Bezeichnung dafür lautet „Multisystem Inflammatory Syndrome in Children" (MIS-C). Eine Übersichtsarbeit wertete die von der amerikanischen Gesundheitsbehörde CDC von März bis Oktober 2020 als MIS-C eingestuften 1132 Fälle aus. Über 600 mussten vorübergehend intensivmedizinisch behandelt werden. 18 Kinder sind verstorben.

Jeder Tod eines Kindes ist eine ganz besondere Tragödie. Doch Epidemiologie ist zu einer vergleichenden Sachlichkeit verpflichtet, um die allgemeine Gefährlichkeit einordnen zu können. Deswegen der Hinweis: Bekannt ist, dass jedes Jahr in den USA über 100 Kinder und Jugendliche an der Influenza-Grippe sterben. Weltweit sterben Kinder in armen Ländern an der Grippe in einer Größenordnung von 10.000–100.000 jährlich.

Herzmuskelentzündung

Ärzte kennen das Phänomen von der Influenza-Grippe. Der Patient ist geheilt und dann plötzlich ereilt ihn drei Wochen später beim Fußballspielen der plötzliche Herztod. Auch bei Covid gibt es solche seltenen Fälle. Herzrhythmusstörungen können darauf hindeuten. Deswegen gilt die Empfehlung, sich nach Ausheilung noch sechs Wochen körperlich zu schonen. Bei Auffälligkeiten sollte eine sofortige Herzuntersuchung veranlasst werden.

Alle schweren Long-Covid-Symptome gibt es prinzipiell auch bei der Influenza-Grippe. Grundsätzlich handelt es sich um überschießende (Immun-)Reaktionen unserer Körperabwehr. Erst große systematische Langzeitstudien können zeigen, inwieweit Covid-19 die Betroffenen härter trifft. Aber die monatelangen Erfahrungen deuten an, dass wir es mit häufigeren Langzeitfolgen zu tun haben als bei einer Influenza.

Obduktionen

Eine sichere Todesursache lässt sich nur durch eine Obduktion durch einen Pathologen / Rechtsmediziner feststellen. Doch das Robert-Koch-Institut (RKI) riet davon anfangs bei Corona-Toten wegen der Ansteckungsgefahr für die Pathologen ab. Sehr kurios, denn Pathologen und Rechts-

Mediziner sind Spezialisten, wenn es darum geht, sich bei einer Obduktion fachgerecht vor einer Ansteckung zu schützen. Es brauchte leider Eigeninitiative, sich über solche wirklichkeitsfremden Empfehlungen hinwegzusetzen. Am Anfang tat dies Prof. Klaus Püschel, Rechtsmediziner aus Hamburg. Ihm folgten weitere Pathologen, die sich selbstverständlich nicht davon abhalten ließen, der Medizin wichtige Hinweise für diese neue Erkrankung zu liefern. Eine entscheidende Fragestellung lautete: An was starben die positiv auf das SARS-CoV-2 getesteten Patienten wirklich? Als Todesursache bestätigten sich meist die fortgeschrittenen Lungenveränderungen aufgrund beidseitiger Lungenentzündung. Zerstörungen typisch für eine schwere Viruspneumonie, oft verschlimmert durch eine invasive Überdruckbeatmung.

Es gab aber auch einen erheblichen Anteil, bei denen zwar Lungenveränderungen vorlagen, die aber das Versterben nicht hinreichend erklären. Hier muss eher davon ausgegangen werden, dass die schweren Grunderkrankungen den Ausschlag gaben. Dabei muss auch das Durchschnittsalter der Verstorbenen berücksichtigt werden. Es liegt im Median stets deutlich über der durchschnittlichen Lebenserwartung in den betroffenen Ländern: in Deutschland bei 83 Jahren; in der Schweiz und in Schweden bei 86 Jahren, in Österreich bei 85. Die allermeisten Covid-Toten waren sehr alt und meist schwer vorerkrankt. Aber es gab auch Menschen, die hätten ohne Covid noch viele Jahre lebenswertes Leben vor sich gehabt und solche, die aus der Mitte ihres Lebens gerissen wurden. Jugendliche und Kinder waren extrem selten von tödlichen Verläufen betroffen. Etwas, was Covid sicher von einer Influenza unterscheidet, an der jedes Jahr weltweit viele Säuglinge versterben. Pathologen fiel jedoch auch ein Anteil Todesfälle aufgrund eines Emboliegeschehens auf, und sie sahen bei manchen Toten auch Gefäßveränderungen.

Die These, bei Covid-19 handle es sich nicht um eine neue Erkrankung, sondern um eine übliche Grippewelle, ist bei all diesen Erfahrungen als widerlegt einzustufen. Ohne Bergamo und die Kenntnis des Krankheitserregers SARS-CoV-2 wäre im Frühjahr vielleicht nur einigen Klinikärzten Ungewöhnliches aufgefallen, doch spätestens im Herbst hätte die Medizin die Gesellschaft auf eine neue, unbekannte Gefahr hingewiesen.

Therapien

Die Behandlung einer Viruspneumonie ist aufgrund fehlender direkt heilender Medikamente im Prinzip immer gleich: Linderung der Symptome und Sauerstoffzufuhr. Das unterscheidet die virale gegenüber einer bakteriellen Infektion, gegen die prinzipiell Antibiotika eingesetzt werden können. Bei schwerem Verlauf ist es laut Leitlinie auch üblich, eine invasive, maschinelle Beatmung unter Narkose einzuleiten. Aufgrund der Obduktionsergebnisse werden gerinnungshemmende Medikamente erfolgreich eingesetzt, um Embolien zu verhindern. Sie sollten sechs Wochen nach Krankenhausentlassung fortgeführt werden. Die Forschungen, welche Medikamente gegen Long-Covid-Symptome wirken, sind in vollem Gang. Cortison-Sprays gleich zu Beginn könnten vielsprechend sein. Eine Erkenntnis erscheint jedoch fundamental: Gelingt es, eine Intubation zu vermeiden, gesunden auch schwere, akute Fälle fast immer. Eine Erkenntnis, die viele Menschenleben rettet, aber nur schleppend akzeptiert wird. Dies ist schwer zu verstehen und erklärungsbedürftig.

Teil 1

Kapitel 3
Das Beatmungsdrama

In der Medizin dauert es leider oft zu lange, bis sich bessere Behandlungen durchsetzen. Das bekannteste Beispiel ist das Drama um den Chirurgen und Geburtshelfer Ignaz Semmelweis, der in seinem Krankenhaus tausende Frauen vor dem tödlichen Kindbettfieber bewahrte, weil er entdeckte, dass man sich als Geburtshelfer die Hände desinfizieren muss. Jahrzehntelang wurde dies von seinen Kollegen abgelehnt, obwohl die Todesraten in deren Krankhäusern dramatisch höher lagen. 180 Jahre später nennt man ihn „Retter der Mütter" und es werden Kliniken wie Universitäten nach ihm benannt. Auch heute passiert es immer wieder, dass führende Mediziner aus Eitelkeit und Revierverhalten neue Erkenntnisse konsequent ablehnen, obwohl sie ganz offensichtlich und leicht überprüfbar zu viel besseren Behandlungsergebnissen führen. Man nennt dies Semmelweis-Reflex und ich fürchte, so ein Fall liegt im Rahmen der Behandlung von Covid-19 vor.

Aufgrund meiner berufspolitischen Tätigkeit bin ich Teil eines interdisziplinären E-Mail-Netzwerkes, welches sich regelmäßig zu aktuellen medizinischen Themen austauscht. Ich habe so das Privileg des direkten Zugangs zur Meinung erstklassiger Experten. Ab Februar meldeten sich Kollegen angesichts der beunruhigenden Berichte und Bilder aus Wuhan und Bergamo intensiv zu Wort. Man sah Menschen in überfüllten Fluren liegen, schwerstkrank und ohne Behandlung. Auf den Intensivabteilungen fielen die vielen invasiv beatmeten Patienten auf. Dafür muss der Patient narkotisiert und in ein künstliches Koma überführt werden. Dabei wird ihm ein Schlauch (Tubus) in die Luftröhre eingeführt (Intubation) und dieser Schlauch an eine Beatmungsmaschine angeschlossen. Forciert wurde die Empfehlung der frühen invasiven Beatmung durch chinesische Fachberichte. Führende Intensivmediziner bei uns übernahmen diese Empfehlung und begründeten sie irreführend damit, dass man nur durch eine frühe Intubation, wie sie in Bergamo, Paris oder New York erfolgte, die Umgebung vor Ansteckung schützen könne.

Einer der angesehensten deutschen Lungenärzte wies vehement darauf hin, dass diese frühe maschinelle Beatmung fatale Auswirkungen hat. Dies führe bei infektionsgeschwächten Menschen regelmäßig zum „Todeskuss", wie er wörtlich schrieb. Am 21.3.2020 veröffentlichte der Verband Pneumologischer Kliniken (VPK) dazu ein eindringliches Statement. Darin sprachen sich Lungenärzte gegen eine zu frühe und in den meisten Fällen unnötige künstliche Beatmung von Covid-Patienten aus.

Der Hauptgrund für die vielen Intensivtoten

Wenn Messwerte, wie der Sauerstoffgehalt im Blut, unter eine bestimmte Grenze fallen, dann wird eine Narkose mit Intubation routinemäßig eingeleitet und der Patient maschinell beatmet. Eine solche invasive Beatmung hat zunächst Vorteile. Sie ermöglicht eine bessere Kontrolle und auch höhere Beatmungsdrucke, um die Sauerstoffwerte im Blut wieder zu erhöhen. Besonders bei Unfallopfern kann das Leben retten. Wenn jedoch der Grund für die Minderung des Sauerstoffdrucks allein ein Sauerstoffmangel im Blut ist (Hypoxämie, wie bei einer Lungenentzündung), sollte man eine Intubation vermeiden, weil die kranke Lunge leicht durch den Überdruck und zu viel Sauerstoff geschädigt wird. Auch schwächt die Narkose das Immunsystem des Patienten. Dies führt speziell bei Viruspneumonien dazu, dass künstlich Beatmete schnell sterben und, wenn nicht, sehr lange brauchen, bis sie von der Maschine zu einer selbstständigen Atmung zurückfinden. Im Frühjahr starben in Wuhan über 95 %, in New York und Bergamo 90 %, in UK 80 % und im Rest Europas 50 % der intubierten Covid-Patienten. Besonders alte Patienten über 80 Jahre sterben unter der invasiven Behandlung. Auf deutschen Intensivstationen zu 78 %. Wenn alte Patienten die Tortur einer Beatmung überleben, dann sehr oft mit einem Gehirnschaden, der die Pflegebedürftigkeit weiter erhöht. Auch die als die häufigste Covid-Langzeitfolge diskutierte Lungenfibrose geht nicht auf das Virus, sondern auf eine solch lange Überdruckbeatmung zurück, die in den meisten Fällen unnötig gewesen sein dürfte. Die frühe invasive Beatmung während der Corona-Pandemie ist leider eine der folgenreichsten Fehlbehandlungen der Medizingeschichte. Tausende Menschen mussten deswegen ihr Leben lassen.

Teil 1

Das Moerser Modell

Es ist deutlich besser, selbst bei sehr niedriger Sauerstoffsättigung, aber Ansprechbarkeit des Patienten, Sauerstoff über eine Spezialmaske zuzuführen. Man nennt dies NIV (Nicht-invasive Beatmungstherapie). Nach einigen Tagen haben die meisten das Schlimmste überstanden. Unter NIV müssen die Patienten jedoch sorgfältig auf Normalstation anhand eines Sauerstoffmessgeräts überwacht werden. Doch nur in wenigen Fällen wird dann die Verlegung auf eine Intensivabteilung und noch seltener eine künstliche Beatmung mit Intubation notwendig.

Ein weiterer Vorteil dieser Behandlungsweise ist die bessere Trennung von anderen nicht infizierten Patienten, die auf Intensivabteilungen viel schwieriger ist. Dr. med. Thomas Voshaar, Chefarzt im Krankenhaus Moers und Präsident des VPK, praktiziert seit Anfang der Corona-Krise diese Behandlungsmethode sehr erfolgreich. Zusammen mit einem besonders konsequenten Ansteckungsschutz wird diese Behandlung von schwer an Covid-19 Erkrankten inzwischen das Moerser Modell genannt. Früh wurden dazu Online-Schulungen angeboten. Krankenhäuser, die nach dieser Vorgabe behandeln, haben kaum Ansteckungen ihres Personals und nach den ersten Erfahrungen eine deutlich niedrigere Sterberate der schwer an Covid Erkrankten. Man muss davon ausgehen, dass in Deutschland 20–30 % aller Covid-19-Todesfälle folglich unnötigerweise verursacht wurden. Die Erfahrungen mit dem Moerser Modell sind inzwischen wissenschaftlich publiziert. Dieser Artikel gehörte schon nach zwei Wochen weltweit zu den 10 % am häufigsten von der Fachwelt aufgerufenen Covid-19-Arbeiten. In diesem Artikel weisen Krankenhäuser, die nach dem Moerser Modell behandeln, eine Sterblichkeit von 10 % auf, Kliniken, die herkömmlich invasiv beatmen, zwischen 30–50 %.

Schleppende Umsetzung

Die Lungenärzte setzten alle Hebel in Bewegung, um diese Erkenntnis zu verbreiten. Denn die zu schnelle invasive Beatmung bei Covid war und ist leider Standard in den meisten Ländern. In Deutschland veröffentlichte im Frühjahr aber lediglich die FAZ einen Bericht, allerdings hinter der Bezahlschranke. Auf *Achgut.com* konnte ich am 24.3.2020 darüber ausführlich berichten. Im Herbst folgten dann breit gefächerte Medienberichte. Die Agentur Reuters hat nach umfangreicher Recherche ebenfalls das Moerser Modell weltweit gewürdigt. Viel zustimmende Resonanz kam besonders aus den USA, wo man die fatalen Folgen einer zu schnellen Intubation, leider auch verbreitet durch ihre bessere Vergütung, schnell registriert hat. Auch die WHO schreibt die hohen Todeszahlen der Intensivpatienten im Frühjahr inzwischen den zu häufigen Intubationen zu. Doch die Erkenntnis, bei viralen Lungenentzündungen von Grippe bis Corona zurückhaltender bei der Intubation vorzugehen, ist nicht neu. Der Verband Pneumologischer Kliniken hat 2005 dazu sogar einen Pandemieplan veröffentlicht und angeregt, in den Krankenhäusern Masken für die nichtinvasive Beatmung vorzuhalten. Was, nebenbei bemerkt, deutlich günstiger ist als teure Intensivbetten und Beatmungsgeräte. Doch auf sie hörte offensichtlich niemand. Warum? Auch deshalb, weil die Intensivmedizin eher die Domäne der Anästhesisten und internistischen Notärzte ist und nicht die der Lungenspezialisten.

Das Platzhirsch-Problem

Entsprechend verhalten ist immer noch die Resonanz der deutschen Intensivmediziner. Der Vorschlag beispielsweise, die Erkenntnisse aus Moers im Rahmen einer regionalen Fortbildung mit ca. 30–40 anästhesiologischen Chefärzten vorzutragen, wurde strikt abgelehnt, mit der Begründung, dies würde nur verwirren. In einem Radio-Gespräch (SWR2-Forum 24.3.2020) konnte ich Prof. Dr. Uwe Janssens, Präsident der Deutschen Interdisziplinären Vereinigung für Intensiv- und Notfallmedizin, direkt auf das offensichtliche Beatmungsproblem ansprechen. Er hatte erkennbar kein Interesse, darüber nachzudenken, und wiegelte ab.

Als sich der Erfolg des Moerser Modells endlich auch in Deutschland herumsprach, hielten Intensivmediziner wie etwa Prof. Dr. Stefan Kluge, Direktor der Klinik für Intensivmedizin am Hamburger UKE, öffentlich dagegen – mit teils absurden Argumenten wie dem, in Moers würde man genauso behandeln wie anderswo und habe nur weniger schwere Fälle. Doch die publizierten Patientendaten belegen, dass die Hamburger Patienten nicht schwerer erkrankt waren als die in Moers.

Die wichtigste Maßnahme, um Intensivbetten zu schonen, wurde ignoriert

Ein Blick in die Statistik zeigt die Dimension: Immer noch wird die Hälfte der Covid-Intensivpatienten invasiv beatmet. Am 11. Januar 2021 veröffentlichten Intensivmediziner im *Deutschen Ärzteblatt* unter Federführung von Kluge und Janssens eine klinische Leitlinie zur stationären Covid-19-Therapie, in der die Erkenntnisse aus Moers weiter komplett ignoriert wurden. Es sind die gleichen Kollegen, die ständig vor einem „5 nach 12" warnen und damit eine Politik des Lockdowns bis weit in das Frühjahr 2021 befeuerten. Dabei wäre es wesentlich zielführender gewesen, diese Kollegen wären über ihren Schatten gesprungen, um das Moerser Modell auszuprobieren. So hätten die Intensivabteilungen effektiver als jeder Lockdown entlastet werden können. Ganz gleich wie sie zum Thema Nicht-Intubation trotz niedriger Sauerstoffsättigung stehen, sie hätten sich damit befassen und es testen müssen. Das wären sie den Patienten und in der angespannten Corona-Situation 2020/2021 auch der Gesellschaft schuldig gewesen. Diesen sehr schwerwiegenden Vorwurf müssen sie sich gefallen lassen.

Vorschlag einer Leserin

Eine Leserin, deren Mann sich im Krankenhaus infizierte und kurz nach der Intubation verstarb, schrieb mir: „Mich bewegt nun die ganz praktische Frage, wie Angehörige oder Erkrankte sich für den Fall eines schweren Verlaufs mit Hospitalisierung gegen eine unnötige invasive Beatmung absichern können. Offensichtlich wäre es reine Glückssache, an eine Klinik zu kommen, wo nach dem Moerser Modell behandelt wird, das genau diese Problematik berücksichtigt. Man muss sich auch immer bewusst sein, dass der Erkrankte nicht mehr erreichbar ist, sobald er sich in die Klinik begibt. Als Angehöriger kann man dann keinen Einfluss mehr nehmen und dem Patienten nicht mehr beistehen oder ihn beraten und unterstützen." Sie regte an, ob es nicht möglich wäre, im Falle einer stationär behandelten Viruserkrankung in der Patientenverfügung festzulegen, dass man nach dem Moerser Modell behandelt werden möchte. Angesichts des Starrsinns deutscher Intensivmediziner halte ich das für eine gute Idee. Ignaz Semmelweis würde es bestimmt gut finden.

Kapitel 4
Der PCR-Test –
Dreh- und Angelpunkt

Krankenhausärzte stellen die Diagnose Covid-19 vor allem über die typischen Lungenveränderungen in einem CT und den Ausschluss anderer Ursachen. Pathologen durch eine Obduktion. Die Masse der Covid-Diagnosen wurde jedoch über einen Nasen-/Rachenabstrich mittels PCR-Test gestellt. Über diesen Test könnte man ein eigenes Buch schreiben. Genauer: einen Krimi. Er würde am 16.1.2020 beginnen, und zwar mit der Pressemeldung aus der Charité: Die Arbeitsgruppe um Prof. Dr. Christian Drosten hat den ersten Diagnostiktest zum Nachweis des neuen Corona-Virus entwickelt.

Nachfolgend wurden alle gesellschaftlichen Quarantänemaßnahmen mit R-Werten, Inzidenzen sowie der Feststellung einer epidemischen Lage nationaler Tragweite allein auf Basis positiver Ergebnisse dieses Tests begründet. Er war der Dreh- und Angelpunkt der Corona-Krise. Doch war er wirklich geeignet als Massendiagnostikum? Stutzig macht, dass auf den Packungen diverser Testanbieter wortwörtlich steht: nur für Forschungszwecke. Um diesen Test gibt es etliche Ungereimtheiten, die auch im Zentrum internationaler Schadensersatzklagen stehen werden. In diesem Buch möchte ich mich jedoch allein auf die wichtigste Frage konzentrieren:

Ist der PCR-Test geeignet, um bei einem positiven Ergebnis ausreichend sicher eine Infektion mit SARS-CoV-2 bei der getesteten Person und damit eine Ansteckungsgefahr für andere festzustellen?

Die Antwort ist nein und für die Begründung reicht ein Kapitel völlig aus. Dies liegt an zwei grundsätzlichen, fachlich leicht erkennbaren Fehldeutungen bei der Interpretation der Testergebnisse.

1. Fehldeutung: statistisch bedingte Fehlalarme
Es ist ein Naturgesetz: Jeder Test kann grundsätzlich falsche Ergebnisse liefern. Ob es sich um eine Brustkrebsfrüherkennung durch Mammographie handelt oder eine Prostatakrebsfrüherkennung durch einen Labor-

wert namens PSA, immer besteht die Möglichkeit eines Fehlers. Dann zeigt der Test ein (falsch) positives Ergebnis, obwohl der Betreffende gar nicht erkrankt ist. Umgekehrt kann ein Test auch eine Erkrankung übersehen, dann erhält ein Getesteter ein (falsch) negatives Ergebnis, obwohl er in Wirklichkeit krank ist. Der Fehler kann in der technischen Umsetzung liegen, an Laborverunreinigungen oder darin, dass der Postbote die Umschläge verwechselt. Ein falsch positives Ergebnis ist nichts anderes als ein Fehlalarm. Die Chance eines Fehlalarms wächst, je weniger der Getesteten in Wirklichkeit krank sind. Wenn ich fast nur Gesunde teste, dann schlägt dieser Fehler voll zu Buche. Man spricht dann von niedriger Prävalenz. Und genau dies ist bei der Corona-Massentestung der Fall.

Wie viele Fehlalarme gab es?

Wie hoch ist die PCR-Fehlalarm-Rate? Dazu liegen, überraschenderweise, kaum Untersuchungen vor. Ein Laborringversuch vom Mai 2020 kam auf 1,4 %. In diesem Versuch sprach der SARS-CoV2-PCR-Test auch zu ca. 10 % auf zwei harmlose Corona-Viren (falsch) positiv an.

Labore werden deswegen dazu angehalten, an zwei verschiedenen Stellen einer Testprobe zu messen, um diesen Fehler zu minimieren. Doch ausschließen kann man ihn nie. Ganz besonders angesichts dessen, dass die Labore am Anschlag arbeiten und die vorgegebenen Qualitätsmaßstäbe oft nicht eingehalten werden, wie ich aus sicherer Quelle weiß.

Betrachten wir dazu, wie viele der Corona-Getesteten als positiv getestet wurden. Die Zahl der wöchentlichen Tests betrug im Frühjahr 2020 um die 300.000, um dann bis heute zwischenzeitlich auf 1,6 Millionen anzusteigen. Die Positivrate im Frühjahr 2020 betrug im Maximum 9,8 %. Im Sommer schwankte die Rate um die 1 %. Im Winter stieg sie wieder um Neujahr herum auf ein Maximum von 15,4 % an. Im März 2021 betrug sie 6,8 %.

Die Fehlalarm-Rate ist besonders relevant in der Gruppe der Symptomlosen bzw. Symptomarmen (niedrige Prävalenz). Das betrifft die allermeisten der vorsorglich Getesteten an Grenzen, in Schulen, Geschäften oder in Betrieben. Hier muss man davon ausgehen, dass ein sehr hoher Teil der positiven Ergebnisse Fehlalarme sind.

In der Gruppe mit schweren Corona-Symptomen sind bei den positiv Getesteten viel mehr tatsächlich an Covid erkrankt (hohe Prävalenz). Hier besteht eher die Gefahr, dass der Test einen Erkrankten übersieht (falsch negatives Ergebnis). Dieser Fehler wird in der Fachliteratur mit bis zu 30% angegeben. Dennoch macht im Krankenhaus ein Corona-PCR-Test zwar nicht als alleiniger Beweis, aber als unterstützende Diagnostikhilfe Sinn.

Prävention ist nicht immer gut
Das bedeutet: Wenn man Gesunde in dieser Masse testet, wie es immer noch geschieht, dann besteht eine hohe Corona-Fehlalarmgefahr. Das gilt übrigens als Prinzip für die gesamte Medizin. Wer Gesunde auf Krankheiten untersucht, unterliegt auch der erhöhten Gefahr eines Fehlalarms. Deshalb ist eine präventive Medizin gar nicht so harmlos, wie sie scheint. Wie im Falle der Mammographie inzwischen bekannt ist, verursacht sie manchmal mehr Schaden durch Ängste und unnötige Gewebeentnahmen mit Komplikationen, als dass sie kranken Patientinnen durch rechtzeitige Diagnosen hilft. Dies ist die Schattenseite der Prävention und ich glaube nicht, dass sich Angela Merkel dessen bewusst war, als sie in einer Corona-Pressekonferenz im Dezember die Schutzmaßnahmen damit rechtfertigte, dass Deutschland schließlich ein Präventionsland sei.

2. Fehldeutung: Ein positives Testergebnis beweist keine Ansteckungsgefahr
Der zweite Grund für die Fehldeutung eines positiven Testergebnisses ist noch gravierender. Diesmal liegt es an der Messtechnik selbst. PCR steht für die englische Bezeichnung Polymerase Chain Reaktion, auf Deutsch Polymerasekettenreaktion. Die PCR ist ein Messsystem, mit dem man spezifische DNA-Sequenzen, also genetisches Material, außerhalb des lebenden Organismus, also im Labor, vermehren kann. Solche Tests werden in der Medizin zum Nachweis eines Erregers eingesetzt, aber auch in der Rechtsmedizin, um einen Täter zu überführen, wenn am Tatort beispielsweise ein Haar gefunden wurde. Über die Nasen- und Rachenschleimhaut wird im Falle von SARS-CoV-2 genetisches Virenmaterial (RNA) entnommen und in einem Reagenzglas mit Teststoffen zusammengebracht, die

nur mit Erbmaterial von SARS-Cov-2 reagieren. Die Frage, inwieweit sie wirklich nur damit reagieren, wird ein zentraler Punkt der rechtlichen Klagewellen sein. Im Labor-Ringversuch reagierte der Test schließlich auch auf zwei andere harmlose Corona-Viren, von denen es in freier Wildbahn noch sehr viele weitere Varianten gibt.

Im Reagenzglas werden diese aktivierten RNA-Reagenzien vervielfältigt und dadurch kenntlich gemacht. Dabei gilt: Je mehr Vervielfältigungen, man sagt dazu Zyklen, für einen Virus-Nachweis notwendig sind, desto weniger Virenmaterial enthält die Probe. Ab einer gewissen Zyklenzahl sollte man besser von einem negativen Ergebnis ausgehen, auch wenn der Test dann leicht positiv ausfällt. Als Schwellenwertzyklus (CT-Wert), ab dem ein Test nicht mehr als positiv gewertet werden sollte, hat sich 30 eingebürgert. In Deutschland wurden jedoch unverständlicherweise auch viel höhere CT-Werte als positiv gewertet und diese Überschreitung wurden Arzt oder Patient oft gar nicht mitgeteilt. Wir müssen davon ausgehen, dass sehr viele positive Ergebnisse über diesem Schwellenwert lagen und offiziell als positiv gewertet wurden, obwohl sie es nicht waren.

Nächstes Problem: Der Test reagiert auch auf Bruchstücke von SARS-CoV-2. Diese können von einem aktiven Virus stammen, aber auch aus einem bereits vom Immunsystem besiegten Virus, selbst Monate nach der aktiven Infektion. Ein positives Testergebnis unterscheidet somit nicht zwischen einer Person, die akut infiziert und damit ansteckend ist, und einer Person, die nicht ansteckend ist.

WHO bestätigt offiziell alle Testkritiker

Am 20. Januar 2021 brachte die WHO dieses Test-Kartenhaus selbst zum Einsturz. Und zwar genau aus den gerade erläuterten Gründen: Fehlalarme und CT-Wert. In ihrem Statement erklärte die WHO klipp und klar, der Corona-PCR-Test sei lediglich ein Hilfsmittel, um eine SARS-CoV-2-Infektion festzustellen. Positive Ergebnisse bei Gesunden müssen immer durch einen komplett neu erhobenen Test bestätigt werden. Und vor allem sollte eine Diagnose COVID-19 nie auf alleiniger Basis des Tests, sondern nur im Verbund mit klaren Covid-Krankheitssymptomen gestellt werden. Damit vollzog die WHO auch einen fulminanten Rückzieher von zuvor vertretenden Positionen, auch wenn einer der Entwickler des Corona-PCR-Tests, Prof. Christian Drosten, dies nicht wahrhaben will. Die WHO bestätigte somit genau das, was regierungsunabhängige Experten, Wissenschaftler, Ärzte und Journalisten in der ganzen Welt bereits von Anfang an kritisierten – und dafür geschmäht und diffamiert wurden. Die Bundesregierung und das RKI ignorieren bis heute diese an Klarheit nicht zu überbietende WHO-Testkritik, können aber auch nach hartnäckigsten Nachfragen nicht plausibel erklären, warum. Stattdessen hält man am Unfug der Massentestungen fest und nennt das Ganze wohltönend „Nationale Teststrategie". Kern dieser Strategie: die PCR-Testung an Symptomlosen und Symptomarmen.

Positive Testergebnisse sind keine Infizierten und erst recht keine Fälle

Daraus ergibt sich zwingend: Die täglich über alle Kanäle gemeldeten Neuinfektionen oder Fälle sind eine Irreführung, denn sie basieren rein auf den positiven Testergebnissen, die jedoch keineswegs beweisend sind, weder für eine Infektion noch für eine Ansteckungsgefahr. Das Robert-Koch-Institut hat nichts unternommen, um diesen Fehler klarzustellen, ganz im Gegenteil.

Die Tragweite dieser Feststellung wird klar, wenn man bedenkt, dass die Grundlage für Fallzahlen, R-Werte und Inzidenzen, für Quarantäne und Lockdowns die positiven Testergebnisse im Rahmen der Nationalen Teststrategie waren. Und diese fokussiert auf die Massentestung von gesunden Menschen. Wenn man die 7-Tage-Inzidenz ermittelt durch die Gleichung: neue Fälle/Woche/100.000 Bewohner, dann werden diese Inzidenzzahlen künstlich ansteigen, je mehr Gesunde getestet werden.

Das bedeutet im Klartext: Man kann auch auf dem Mars anhand von Massentestungen beliebige Inzidenzen und Fallzahlen generieren und dann die Marsmännchen in den Lockdown schicken – ohne dass ein einziges Corona-Virus den Erdorbit verlassen hat.

Teil 1

Kapitel 5
Infektionssterblichkeit

Für den Erkrankten kann Covid-19 sehr schwerwiegend sein. Doch um eine außergewöhnliche Bedrohungslage für die gesamte Gesellschaft festzustellen, bedarf es einer möglichst realistischen Einschätzung zweier Eigenschaften der neuen Corona-Pandemie:
- Wie hoch ist ihre Sterblichkeit?
- Wie hoch ist ihre Ansteckungsgefahr?

Wie geht man am besten für eine solche Einschätzung vor? Hier kommt es auf genaue Datenerfassung an. Deshalb müssen wir nun etwas über Statistik reden. Aber ich verspreche Ihnen, mich möglichst auf die ganz wesentlichen Zahlen zu beschränken. Klären wir in diesem Kapitel das vorhandene Wissen über die Sterblichkeit der neuen Corona-Infektion. Oder anders ausgedrückt: Wie viele der infizierten Menschen werden daran sterben? Diese Zahl ist entscheidend. Ist sie sehr niedrig, dann flacht eine Virus-Epidemie ab, ohne ein Massensterben verursacht zu haben.

Entscheidend ist die IFR (infection fatality rate)
Die Infektionssterblichkeit wird in Prozent angegeben, also: Wie viele von 100 Infizierten sterben an dieser Krankheit? In der internationalen Fachsprache wird sie als IFR (infection fatality rate) bezeichnet. Nicht zu verwechseln mit der Fallsterblichkeit oder CFR (case fatality rate). Die IFR bezieht sich auf alle Infizierten, während die CFR sich nur auf die als erkrankt Gemeldeten bezieht. Die CFR berücksichtigt also nicht die Dunkelziffer an Infizierten, die nicht gemeldet werden, weil die Symptome zu gering sind, weil die Erkrankung übersehen wurde und aus vielen anderen Gründen mehr. Die CFR ist für den behandelnden Arzt wichtig, um die Schwere der Erkrankung, mit der der Patient zu ihm kommt, einschätzen zu können. Ist sie hoch, steigt auch die Wahrscheinlichkeit, dass der Patient daran verstirbt. Für die Bewertung der Gefährlichkeit für die Gesellschaft überschätzt die CFR jedoch die Sterblichkeit. Hier zählt die IFR.

Nicht verwechseln: IFR und CFR

Ein weiterer Grundfehler in der Berichterstattung bestand in der Verwechslung von IFR und CFR. Das RKI wies auch hier nicht auf diesen Fehler hin. Man verglich lediglich die Zahl der gemeldeten Corona-Erkrankten (vor der PCR-Massentestung) mit den Todeszahlen. Heraus kamen Prozentsätze bis zu 7 %. Das ist für eine Virusepidemie eine erschreckend hohe Zahl, die, sollte sie sich ausbreiten, zu hunderttausenden Todesopfern führen würde. Wir hätten tatsächlich mit Leichen auf den Straßen rechnen müssen. Noch viel einschneidendere Quarantänemaßnahmen hätten sofort umgesetzt werden müssen. Mir wäre es dann auch egal gewesen, ob die Regierung mit oder ohne Parlament gehandelt hätte. Es hätte schnell gehen müssen, viel schneller, um das Allerschlimmste abzuwenden. Doch es war eben die CFR und nicht die IFR.

Ohne eine möglichst genaue Vorstellung der IFR tappt jedes Infektions-Krisenmanagement im Dunkeln. Allerdings kann man nie genau wissen, wie viele Menschen in einem Land tatsächlich infiziert sind. Aber man kann sich darum bemühen, dieser Zahl nahezukommen. Fangen wir damit an, wie hoch die IFR einer Grippewelle sein kann. Hierzu gibt es belastbare Zahlen. Sie beträgt bei einer Grippe je nach Schweregrad um die 0,2 %. Welche Zahlen gab es anfangs für die neue Corona-Infektion? Idealerweise findet man eine geschlossene Population, in der die Infektion früh ausbrach und bei der alle Infizierten, auch die mit leichten Symptomen, erfasst werden konnten.

Diamond Princess

Die beste Vorstellung der IFR vermittelte anfangs das Infektionsgeschehen auf dem Kreuzfahrtschiff Diamond Princess. An Bord brach eine Corona-Infektion aus und das Schiff wurde am 3. Februar 2020 unter Quarantäne gestellt. Besatzung und Gäste bildeten somit eine geschlossene Population, in der potentiell jeder dem Virus ausgesetzt war. Passagiere und Besatzung wurden komplett untersucht, 19,5 % der fast 4000 überwiegend älteren Personen waren infiziert (halten wir für später auch fest, dass sich die überwiegende Mehrheit nicht infizierte). Von diesen 750 Infizierten verstarben zehn Menschen. Das entspricht einer IFR von 1,4 %.

John Ioannidis, Professor an der Stanford Universität, zählt zu den weltweit anerkanntesten Forschern. Seine wissenschaftlichen Artikel gehören zu den zehn am häufigsten zitierten der Wissenschaftswelt. Sein Fachgebiet ist die Epidemiologie und die Metaforschung. Das erste Fach kümmert sich um Krankheitsverläufe in Gesellschaften und das zweite darum, wie die medizinische Forschung verbessert werden kann. Denn hier besteht dringender Handlungsbedarf. Insider wissen, dass die übergroße Mehrheit (!) aller medizinischen Studien kaum Aussagekraft besitzt, aber dennoch für alles Mögliche als Begründung missbraucht wird. Seit Jahren beziehe ich mich auf seine Arbeit und John Ioannidis werden wir gleich mehrfach in diesem Buch begegnen. Gleich zu Beginn der Pandemie machten er und sein Team sich daran, die vorhandenen Zahlen zu interpretieren. So übertrug er die IFR von 1,4 % auf die Altersstruktur der USA. Aufgrund der vielen Unsicherheiten bei dieser Berechnung kam er auf eine IFR in einem Schwankungsbereich zwischen 0,025 und 0,625 %. Das ließ darauf schließen, dass wir es mit der IFR-Bandbreite einer milden bis schweren Grippeinfektion zu tun hatten.

Prof. Ioannidis veröffentlichte diese Berechnungen am 17. März 2020. Er wies eindringlich darauf hin, dass die IFR wahrscheinlich nicht apokalyptisch hoch ist, aber die tatsächlichen Auswirkungen der Corona-Schutzmaßnahmen hohe Risiken an gesellschaftlichen Nebenwirkungen in sich tragen. In diesem Artikel machte Prof. Ioannidis auch darauf aufmerksam, dass Corona-Viren in Pflegeheimen zu einer hohen IFR von bis zu 8 % führen. Dies ist seit vielen Wintern bekannt. Das bedeutet: Für Pflege- oder Altersheime ist eine Corona-Infektion, wie auch eine schwere Grippe, brandgefährlich, da von hundert infizierten Heimbewohnern dann acht Personen sterben. Das nimmt die Ereignisse in Deutschland Ende des Jahres 2020 vorweg, beschrieben in einem Artikel des anerkanntesten Wissenschaftlers auf diesem Gebiet acht Monate zuvor. Keiner kann sagen, man war nicht gewarnt.

Prof. Ioannidis arbeitete weiter intensiv daran, seine anfängliche Prognose zu präzisieren. Am 14. Oktober 2020 veröffentlichte die WHO auf ihrer Homepage offiziell die von ihm durchgeführte Metastudie mit dem Titel: „Infection fatality rate of Covid-19 inferred from seroprevalence data". In dieser Arbeit wertet Ioannidis mehr als 60 über die Welt verteilte Antikörperstudien aus. In 51 Standorten errechnete er eine IFR von 0,23 %. In Regionen mit weniger als 118 Todesfällen pro eine Million Menschen errechnete er eine IFR von 0,09 %. Da, wo 118 bis 500 Covid-19-Tote pro eine Million Einwohner gezählt wurden, betrug die IFR 0,2 %. An noch stärker betroffenen Standorten wie New York betrug die IFR 0,57 %. Bei Menschen unter 70 Jahren betrug die IFR generell 0,05 %. Im Klartext: Die Infektionssterblichkeit der neuen Corona-Pandemie übersteigt die bisheriger Grippewellen nicht.

Keiner kennt die Wahrheit, aber
Natürlich kann man diese Zahlen kritisieren. Immer gibt es Aspekte, die auch Zweifel erlauben, das liegt in der Natur der Wissenschaft. Aber die Zahlen von Prof. Ioannidis waren 2020 die beste wissenschaftliche Quelle, wenn es darum ging, der Wirklichkeit der Corona-IFR so nahe wie möglich zu kommen. Einer der wenigen, die ebenfalls früh belastbare Zahlen erforschten, war der Bonner Virologe Prof. Hendrik Streeck. Zusammen mit seinem Team beobachtete er im April 2020 die Einwohner der Stadt Heinsberg in Nordrhein-Westfalen. Dort hatten sich besonders viele Einwohner im Verlauf einer Karnevalsveranstaltung mit dem neuen Corona-Virus infiziert. In diesem deutschen Hotspot errechnete er eine IFR von 0,36 %. Damit kam er unabhängig von Prof. Ioannidis auf ähnliche Ergebnisse.

Das bedeutet: Aufgrund der spärlichen, aber vorhandenen Datenlage war schon im Frühjahr 2020 ausreichend gut erkennbar, dass sich die Infektionssterblichkeit IFR im Bereich bisheriger Grippewellen bewegen wird. Die Corona-Pandemie war von Anfang an klar erkennbar keine Killerseuche.

Allerdings: Wachsamkeit wäre schon im Frühjahr bezüglich der Situation in den Pflegeheimen angebracht gewesen. Durch frühere Erfahrungen mit Corona-Epidemien wusste man um die hohe Sterblichkeit, sollte das neue Corona-Virus dorthin gelangen. Genau das geschah, weitgehend unvorbereitet, im Winter 2020, genauso wie es im März 2018 bei einer schweren Influenzawelle passierte.

Kapitel 6
Ansteckungsgefahr

Die Sterblichkeit IFR ist bei Corona nicht höher als bei einer Grippewelle. Doch wie sieht es mit der Gesamtzahl derer aus, die sich mit dem Virus infizieren können? Wären dies alle 83 Millionen Menschen in Deutschland, dann wären nach einer schnellen exponentiellen Ausbreitung bei einer IFR von 0,3 in kurzer Zeit immer noch 249.000 Menschen an Corona gestorben. Doch gegen diese Annahme sprachen von Anfang an mehrere Beobachtungen.

Hotspots breiteten sich nicht weiter aus
Fangen wir ganz von vorne an. Nicht in Wuhan, denn offiziellen Informationen aus einer Diktatur, und das ist China, stehe ich grundsätzlich skeptisch gegenüber. Komplett überforderte Krankenhäuser in Italien kannte ich schon von früheren Grippewellen, aber in Corona-Hotspots wie Bergamo war eine auffallend hohe Opferzahl zu beklagen. Was ich im Februar noch nicht wusste, war, dass dort aus Panik viele noch infektiöse Patienten, um die Krankenhäuser zu entlasten, in Pflegeheime verlegt wurden. Wie wir oben schon gesehen haben, führt Corona, einmal im Pflegeheim ausgebrochen, dort mit einer IFR von ca. 8% zu einer hohen Sterblichkeit. Diese Verlegungen brachten also den Tod direkt zu den alten Leuten, die, bevor sie starben, dann sogar noch in die Krankenhäuser verlegt wurden. Ein Teufelskreis, der jedoch selbst verschuldet war. Es gibt inzwischen staatsanwaltliche Ermittlungen in Norditalien, die klären sollen, wer dafür verantwortlich war.

Doch schon kurz darauf fiel auf, dass, obwohl es in vielen Ländern Hotspots mit einer auffallenden Übersterblichkeit gab, diese Hotspots jedoch nicht auf benachbarte Regionen übersprangen. Ausgehend von Bergamo oder Brescia, gab es eben nicht annähernd im gleichen Maße katastrophale Verhältnisse in Venetien, Genua oder Mailand. Und dies lag ganz sicher nicht an der strengen Quarantäne, denn ein hochinfektiöses Virus hätte längst vorher Wege gefunden, sich weiter auszubreiten. Hätten sich die Zustände wie in Bergamo nach und nach in anderen Städten wiederholt, dann wäre mein inneres, ärztliches Alarmsystem intuitiv auf einen ganz anderen Alarmmodus umgesprungen, nämlich tiefrot. Doch genau dies passierte eben nicht.

Exponentielles Wachstum
Um die Bedrohung durch die neue Corona-Infektion zu verdeutlichen, wurde immer wieder deren exponentielle Verbreitung beschworen. Richtig ist, das Wesen einer Epidemie besteht in einem solchen exponentiellen Wachstum. Der vielzitierte R-Faktor liegt dann über 1; das bedeutet, eine infizierte Person steckt mehr als eine weitere Person an. Die Dramatik exponentiellen Wachstums wird gerne anhand einer Geschichte erklärt. Als in Indien vor langer Zeit das Schachspiel erfunden wurde, wollte sich der indische Kaiser beim Erfinder bedanken, indem er ihm einen Wunsch gewährte. Dieser wünschte sich, dass der Kaiser auf das erste der 64 Felder des Schachbretts ein Reiskorn legte und dann die Anzahl bei jedem weiteren Feld verdoppelte. Der Kaiser lachte und fing an. Nach der ersten Reihe des Schachbretts kam er auf die noch überschaubare Zahl von 128 Reiskörnern. Doch das Lachen verging ihm schnell, als er bemerkte, dass er diesen Wunsch gar nicht erfüllen konnte. Denn auf das letzte der 64 Felder hätte er 9.223.372.036.864.775.808 Reiskörner legen müssen. Das sind 9 Trillionen, 223 Billiarden, 372 Billionen, 36 Milliarden, 864 Millionen, 775 Tausend, 808 Stück. Dies entspricht einem Gewicht allein auf dem letzten Feld von ca. 270 Milliarden Tonnen. Die weltweite Reisernte betrug 2006 ca. 600 Millionen Tonnen, weniger als ein Vierhundertstel. Um allein die notwendige Reiskornzahl für das letzte Feld aufzubringen, hätte der Kaiser die weltweite Jahresernte von mehreren hundert Jahren benötigt. Das ist die beeindruckende Konsequenz exponentiellen Wachstums. Übertragen auf ein Infektionsgeschehen, erzeugt dies Angst. Doch wer mit solchen Beispielen hantiert, will Panik schüren, sonst nichts. Schließlich lebt die Menschheit seit ihrem Anbeginn mit Virusepidemien und wurde nicht ausgerottet. Das liegt an der Leistungsfähigkeit unseres Immunsystems. Schauen wir uns die wesentlichen Faktoren genauer an, soweit sie bekannt sind.

Teil 1

Zeitliche Begrenzung einer Epidemie

Ein Oberstarzt der Reserve wies mich auf sein altes Handbuch für Militärmedizin hin, „Militärhygiene und Feldepidemiologie" (Militärverlag Berlin 1987). Dort findet sich eine anschauliche Beschreibung der Epidemietypen. Infekte der oberen Atemwege sind immer Tardivepidemien. Diese laufen stets nach dem mathematischen Muster einer selbstauslöschenden Kettenreaktion ab. Das bedeutet, nach Überschreiten eines Gipfels fällt die Ansteckungsrate wieder rapide ab. Auch 2020 war dies nicht anders. Mitte April 2020 veröffentlichte Professor Yitzhak Ben-Israel, Mathematiker und Physiker von der Universität Tel Aviv, eine Analyse des Verlaufs der gemeldeten Covid-19-Fälle in verschiedenen Ländern (USA, Großbritannien, Schweden, Italien, Israel, Schweiz, Frankreich, Deutschland und Spanien). Er stellte eine deutliche Parallele fest: Die Erkrankungszahl steigt in jedem Land exponentiell bis zum 40. Tag an, um dann steil abzufallen. Nach acht Wochen klingt sie dann ab. Die Zahl der möglichen Infizierten wird damit nicht beschrieben, aber die Dauer, in der man sich anstecken kann, und diese ist zeitlich begrenzt.

Kreuzimmunität oder wie neu war das neue Corona-Virus?

Werfen wir einen genaueren Blick auf Corona-Viren. Sie gehören wie die Influenza zu den Zoonosen, die als Erreger zwischen Tier und Mensch hin- und herwechseln können. Seit den 1960er-Jahren sind sie als Auslöser von Atemwegsinfektionen bekannt und gelten als Ursache für etwa 15 % aller Erkältungskrankheiten bei Erwachsenen. Corona-Viren haben in den Jahren 2002 (SARS) und 2012 (MERS) Aufmerksamkeit erregt. Durch Mutation sind neue Mitglieder der Virusfamilie aufgetreten, die schwere Erkrankungen der Atemwege und weiterer Organsysteme mit teils hoher Fallsterblichkeitsrate CFR verursachen können. Die Übertragungsrate von Mensch zu Mensch war jedoch zum Glück sehr niedrig.

Wenn SARS-CoV-2 natürlichen Ursprungs ist, dann entstand dieses Virus durch Mutation in einer Fledermaus und übertrug sich von dort auf den Menschen. Somit wäre es nicht komplett neu, sondern eine Abwandlung älterer Vorgänger. Eine Frage stellt sich bei solchen neuen Mutationen immer: Führt der frühere Kontakt zu deren Vorgängern schon zu einer

Kreuzimmunität? Bei Influenza ein wohlbekanntes Phänomen. Jedes Jahr gibt es neue Influenzamutationen, aber bei weitem nicht alle Menschen werden krank – weil die meisten aufgrund früherer Viruskontakte bereits eine ausreichende Immunität gegen die neue Variante entwickelt haben.

Auch jede herkömmliche Grippeimpfung setzt auf Kreuzimmunität. Man impft mit abgeschwächten Erregern aktueller Grippeviren und hofft darauf, dass die erworbene Immunität dann auch gegen eine neue Mutation schützt. Kreuzimmunität schützt junge und gesunde Menschen durch ihr leistungsfähiges Immunsystem meist vor Ansteckung, alte und geschwächte Menschen jedoch oft nicht. Das erklärt, warum virale Atemwegsinfektionen besonders für diese Risikogruppe gefährlich sind – und auch, warum der Impfschutz ausgerechnet bei ihnen leider nicht so gut funktioniert. Es gibt genügend Hinweise, dass bei vielen Menschen auch gegen SARS-CoV-2 eine solche Kreuzimmunität vorlag. Beda Stadler, Professor für Immunologie, schrieb dazu auf *Achgut.com* im Juni 2020: *„Erstens: Es war falsch, zu behaupten, das Virus sei komplett neu. Zweitens: Noch falscher war es, zu behaupten, es bestünde in der Bevölkerung keine Immunität gegen dieses Virus."*

Nun jedoch zu einer anderen Möglichkeit des Virusursprungs. In dem in Wuhan ansässigen Viruslabor forschte man explizit an Corona-Viren, gewonnen aus Fledermäusen aus sehr weit entfernten Höhlen. In diesem Labor betreibt man Gain-of-function-Forschung, das heißt man versucht Viren so zu verändern, dass sie besser in menschliche Zellen eindringen können. Gerechtfertigt wird dies damit, diese Forschung könnte zu einer besseren Impfstoffentwicklung beitragen. Wenn SARS-CoV-2 in Wirklichkeit ein Designvirus ist, freigesetzt durch einen Laborunfall, gibt es dann auch eine Kreuzimmunität? Wir wissen es nicht. Tatsache ist jedoch, dass selbst Familienangehörige, die auf engstem Raum mit Corona-Infizierten zusammenleben, sich oft nicht angesteckt haben. Das deutete schon der Infektionsverlauf auf der Diamond Princess an. Dort infizierten sich, wir erinnern uns, von 4000 Passagieren auf engem Raum lediglich 750. Selbst Kinder oder Ehepartner von Infizierten wiesen in der Heinsberg-Studie oft nicht nur keine Symptome auf, sondern hatten auch keine Virusnachweise.

Herdenimmunität

Früh zeigte sich, dass schwer an Covid-19 Erkrankte dann kein zweites Mal erkrankten. Das war zu erwarten. Denn die allermeisten Virusinfektionen führen zu einer längeren, manchmal lebenslangen Immunität gegen den Erreger. Das ist die Basis aller Impfungen, von Windpocken bis Hepatitis. Zusammen mit der Kreuzimmunität entsteht so nach einer Weile eine Herdenimmunität. Dann findet das Virus kaum noch Opfer, bei denen es die Krankheit auslösen kann, und die Ansteckungsrate flacht im Sinne einer Tardivepidemie ab. Bis eine neue Mutation unser Immunsystem wieder herausfordert, das dann jedoch besser vorbereitet ist.

Im Zuge der immer effektiveren Kreuzimmunität verlieren das Ursprungsvirus und seine Nachfolger stetig an Krankheitspotential und die Infektion richtet kaum noch Schaden an. Sie wird zur Endemie. Das heißt, sie tritt nur noch vereinzelt und begrenzt auf. Das wird auch das Schicksal von Covid-19 sein, bis die Natur unser Immunsystem dann wieder mit etwas ganz anderem herausfordert. Seit es Menschen gibt, folgen Atemwegsviren solchen Zyklen und wir Menschen leben damit. Übertragen auf das Reiskornbeispiel bedeutet dies: Weit bevor der Kaiser zahlungsunfähig wird, entwickelt sich die Verdopplung zurück und auf das letzte Feld müssen kaum noch Reiskörner gelegt werden.

Herdenimmunität bei Covid-19

Im Falle der Corona-Pandemie gibt es eine klare Risikogruppe, die sich auch lokal konzentriert – in Pflegeheimen. Wird eine Herdenimmunität erlangt, bevor das Virus die Risikogruppe erreicht, dann ist die Gefahr gebannt. Angesichts der extrem niedrigen Sterblichkeit außerhalb dieser Risikogruppe gibt es gute Argumente dafür, die aktuellen Lockdowns immunologisch als kontraproduktiv einzuschätzen. Sie verhindern die Immunität derer, die gar nicht schwer erkranken. Und das sind 95 %. Ohne Lockdown und mit speziellem Schutz der Pflegeheime hätte man so die Herdenimmunität erreichen können, um dann wieder die Pflegeheime gefahrlos zu öffnen.

Es gibt eigentlich nur ein Argument im Falle der Corona-Pandemie, welches gegen die bewusste Herbeiführung einer Herdenimmunität spricht: die Long-Covid-Probleme der Nicht-Risikogruppe. Das Ausmaß von Long Covid ist im Vergleich zu einer schweren Influenzagrippe immer noch unklar, neuere Studien aus Zürich und London etwa zeitigten recht unterschiedliche Ergebnisse. Es besteht aber berechtigte Hoffnung, dass diese Symptome allermeist nach sechs Monaten ausgestanden sind. Wenn man ganz auf Nummer sicher gehen möchte, dann setzt man auf Herdenimmunität durch Impfung. Doch nur dann, wenn sie tatsächlich auch schützt und nicht selbst zur Gesundheitsgefahr wird.

Und die Vaskulitiden? Sie betreffen höchstwahrscheinlich nur einen sehr geringen Prozentsatz der Covid-Patienten. Auch bei der Influenza gibt es solche Fälle. Aber es scheinen bei Covid-19 doch mehr Patienten daran zu leiden. Deshalb muss eine Sache vorbehaltlos und sachlich erforscht werden. Und nicht oberflächlich und voreingenommen wie bisher. SARS-CoV-2 dockt in diesen Fällen erstaunlich gut an Gefäßzellen an. Könnte diese Fähigkeit etwas mit den Gain-of-function-Experimenten im Virenlabor Wuhans zu tun haben? Ich finde, diese Frage muss man stellen, wenngleich es derzeit noch keine Antwort gibt.

Aerosole

Das Einzige, was mich an den Berichten aus Bergamo wirklich irritierte, war, dass offensichtlich auch behandelnde Pflegekräfte und Ärzte starben. Das kannte ich von Grippeepidemien so nicht. Woran lag das? Die Heinsberg-Studie zeigte, dass das Virus kaum über Oberflächen übertragen wird. Sehr früh verwiesen Lungenärzte auf die Ansteckung über Aerosole. Aerosole sind feinste Wassertröpfchen in der Atemluft, die Viren enthalten und so über die Luft die Infektion auf andere Menschen übertragen. Dabei liegt das Problem nicht in den größeren Tröpfchen, die sogleich zu Boden fallen; gefährlicher sind die ganz kleinen Aerosole, weil sie schwebend größere Distanzen überwinden können. Der zweite unangenehme Effekt dieser winzigsten Aerosole besteht darin, dass sie ohne Umwege tief in die Lunge eindringen können. Sie überspringen den Rachen, weshalb dann der Nasen/Rachenabstrich negativ ausfällt. Ist die Viruslast dabei hoch, können sie sofort ohne Vorzeichen eine schwere, auch tödlich verlaufende Lungenentzündung auslösen.

Anstecken kann man sich insbesondere dann, wenn man in kleinen, geschlossenen, unbelüfteten Räumen diesen Aerosolen ausgesetzt ist. Sie treten leider auch beim Sprechen oder Singen aus. Wenn man sich die überfüllten Notaufnahmen im Winter Bergamos oder New Yorks vorstellt, ohne angemessene Schutzausrüstungen, dann wird klar, auf welchem Weg sich das Krankenhauspersonal tödlich ansteckte. Im Freien werden die Aerosole unmittelbar weggeweht, eine Ansteckung außerhalb geschlossener Räume ist somit extrem unwahrscheinlich. Ausgangssperren machen deshalb übrigens keinen Sinn. Neben der Vermeidung unnötiger Intubationsnarkosen besteht ein weiterer wichtiger Teil des Moerser Modells deshalb in der Vermeidung dieses Übertragungsweges. Ein genaues Belüftungsregime und geeignete Masken ließen kaum jemanden aus den Behandlungsteams erkranken. Ein entsprechendes, auf die realen Erfordernisse angepasstes Maßnahmenpaket hätte auch von Anfang an bezüglich der Pflegeheime erarbeitet und durchgesetzt werden müssen.

Keine Killerseuche, keine Killerausbreitung
Tatsache ist, viele steckten sich nicht an. Die Infektiosität von SARS-CoV-2 ist wahrscheinlich höher als bei einer üblichen Influenza, aber dennoch begrenzt. Diese begrenzte Ansteckungsgefahr sowie die grippeähnliche Sterblichkeitsrate konnte man schon im Frühjahr ausreichend gut erkennen. Es war klar, dass das Offenhalten der Gesellschaft nicht zu flächendeckenden, apokalyptischen Szenarien wie aus einem Hollywoodfilm führen wird. Angesichts des Ziels einer schnelleren Herdenimmunität wäre das Offenhalten sehr wahrscheinlich auch klüger gewesen. Einige Vorsichtsmaßnahmen sind jedoch angezeigt. Menschen sollten sich nicht ungeschützt in engen Räumen einer hohen Viruslast aussetzen. Dies gilt in erster Linie für Notaufnahmen. Und die Risikogruppen hätten konsequent und professionell vor dem Erlangen der Herdenimmunität geschützt werden müssen.

Apropos exponentielles Wachstum: Das Einzige, was zwischenzeitlich steil anstieg, war die Zahl der Testungen. Und da man mit einem größeren Netz auch mehr Fische fängt, wurden so steile Anstiegskurven vorgetäuscht. Doch all diese omnipräsenten Tabellen und Kurven haben überhaupt keine Aussagekraft bezüglich der tatsächlichen Zahl der Infizierten in Deutschland. Nicht wegen der Fehlalarme, sondern wegen der Unprofessionalität ihrer Erfassung. Darum geht es im folgenden Kapitel.

Teil 1

Kapitel 7
Das historische Versagen des Robert-Koch-Instituts (RKI)

Die vorangegangenen Kapitel basieren auf wenigen verlässlichen Zahlen, die dennoch eine realistische Einschätzung des Bedrohungspotentials ermöglichten. Doch die Datenbasis hätte schon sehr früh auf sehr viel festeren Füßen stehen können, ja müssen. Selbst im Frühjahr 2021 ist vieles noch unklar, wie die genaue Zahl der Infizierten oder welche Schutzmaßnahmen was genau bewirken. Dabei gibt es Methoden, dies sehr zuverlässig herauszufinden. Und diese Methoden sind nicht neu oder außergewöhnlich. Sie sind lediglich guter Standard, wenn es darum geht, eine Krankheitsentwicklung in der Bevölkerung zu bewerten.

Das Robert-Koch-Institut ist eines der weltweit größten Institute für Infektionsforschung, Jahresbudget ca. 100 Millionen Euro. Es untersteht dem Gesundheitsministerium und ist *die* Seuchenbehörde in Deutschland. Ihre Aufgabe ist es, im Falle einer Epidemie so schnell und kompetent wie möglich belastbare Erkenntnisse zu ermitteln und der Politik als Entscheidungsgrundlage zur Verfügung zu stellen. Besteht kein politisch-medialer Erwartungsdruck, dann kommt das RKI dieser Aufgabe auch zuverlässig nach. Wird jedoch öffentlich das Bild einer gefährlichen Pandemie mit Horrorfarben gemalt, dann gerät diese solide Arbeitsweise ins Rutschen. Das war während der Schweinegrippe 2009 genauso der Fall wie während der Corona-Krise. Drei Fehlleistungen des RKI während der Corona-Krise haben wir bereits besprochen: die versuchte Blockade von Obduktionen, die Verwechslung von CFR und IFR und vor allem die irreführende Zählung von positiv Getesteten als „Fälle" oder gar Infizierte. Doch die Fehlleistung, die ich Ihnen nun beschreibe, ist wahrlich als historisch zu werten.

Woher kommen die genauen Wahlprognosen?

Stellen Sie sich einmal vor, Sie beauftragen ein Wahlforschungsinstitut, das Ergebnis der nahenden Bundestagswahl vorauszusagen. Ginge es so vor wie das RKI, dann würde es pro Woche bis zu 1,7 Millionen Wähler unsystematisch befragen, um dann die Prognose abzuliefern. Doch es ist leider völlig sinnlos, zum Beispiel ganz Bremen zu befragen, um dann einen überwältigenden Sieg von SPD und Grünen für Gesamtdeutschland zu prognostizieren. Oder für die Prognose alle Einwohner Bayerns um ihre Meinung zu bitten, um dann im Brustton der Überzeugung einen deutschlandweiten Sieg von CDU/CSU vorauszusagen. Offensichtlicher Unfug, und deswegen nutzen Wahlforschungsinstitute gut ausgewählte, repräsentative Stichproben für ihre Umfragen. Stichprobe bedeutet eine kleine Personengruppe. Repräsentativ bedeutet, dass diese Personengruppe in Altersverteilung, ausgeübten Berufen, sozialen Verhältnissen und vielem mehr dem Durchschnitt aller Menschen in Deutschland möglichst nahekommt. Solche Gruppen müssen sehr sorgfältig ermittelt werden, denn das entscheidet, ob deren Umfrageergebnisse dann auch tatsächlich dem späteren deutschlandweiten Ergebnis entsprechen. Und wir wissen doch, wie verblüffend genau Wahlprognosen dann auch stimmen (es sei denn, die Befrager sind voreingenommen oder die Befragten trauen sich nicht zu sagen, wen sie tatsächlich wählen). Im Falle der medizinischen Wissenschaft spricht man von repräsentativen Kohortenstudien. Je genauer die ausgewählte Stichprobe, desto kleiner kann auch die befragte Personenzahl sein. Dann reichen sogar wenige Tausend aus, um treffende Aussagen für ganz Deutschland machen zu können.

Drähte liefen heiß

Schon Anfang März lief mein E-Mail-Eingang voll, weil keiner aus meinem Expertennetzwerk verstehen konnte, warum in Deutschland nicht umgehend damit begonnen wurde, solche Kohortenstudien durchzuführen. In solchen Stichproben kann man Ansteckungswege, Erkrankungsverlauf, Schwere und Sterblichkeit von Covid-19, Symptome, Begleiterscheinung und Spätschäden sicher ermitteln, und das über Jahre hinweg. Vor allem hätten solche repräsentativen Kohortenstudien dann auch die Wirksamkeit der Schutzmaßnahmen – von Masken über Lockdown bis Impfung – messen können, und auch deren Nebenwirkungen. Wir reden wohlgemerkt über das kleine Einmaleins der Epidemiologie. Also in etwa das, was im ersten Semester, zweite Vorlesung vermittelt wird. Jeder, der sich mit Krankheitsgeschehen, Prävention, Nutzen und Schaden möglicher Therapien befasst, weiß das.

Es gibt sogar fertige Stichproben, die die Medizin nutzen kann. Ein ehemaliger Leiter des größten wissenschaftlichen Verlags regte nachdrücklich an, zu diesem Zweck tatsächlich mit Wahlforschungsinstituten Kontakt aufzunehmen, die solche repräsentativen Stichproben in perfekter Weise auf Knopfdruck bereitstellen können. Man hätte nach wenigen Tagen loslegen können. Doch nichts geschah, obwohl einige der Diskussionsteilnehmer persönliche Drähte hinein in die Ministerien und zu führenden Politikern haben und dort die Versäumnisse anmahnten.

Kompletter Ausfall

Doch solche repräsentativen Kohortenstudien hätten selbstverständlich, ohne Anregung von außen, sofort und mit höchster Anstrengung vom RKI eingeleitet werden müssen. Es ist die ureigene Aufgabe des RKI, für einen belastbaren Erkenntnisstand einer neuen Epidemie zu sorgen. Man hätte so immer gezielter vorgehen können, mit Maßnahmen, deren vorausgesagte Wirkung dann auch eingetreten wäre, und das bei minimalem Schaden. Doch nichts wurde unternommen, das ganze Jahr hindurch. Man entschied sich für die Empfehlung unsinniger Massentests und breiteste Streuung einschränkender Schutzmaßnahmen und tappte dabei weiter blind im Nebel.

Am Geld lag es nicht. Meines Wissens hat beispielsweise allein die Berliner Charité im Frühjahr sofort 200 Millionen Euro für die Corona-Forschung erhalten, ohne dass wir als Gesellschaft 2020 irgendein brauchbares Ergebnis zurückbekommen hätten. Es ist ein Versäumnis historischen Ausmaßes des RKI, dass es sich diesen Studien verweigerte. Aber auch der Politik, vor allem des Innen- und des Gesundheitsministers, weil sie führende Wissenschaftler, die nachdrücklich öffentlich auf diesen Missstand hinwiesen, ignorierte. Übrigens auch ein Totalausfall der Wissenschaftsredaktionen der großen Sender und Zeitungen. Mir ist kein Medienbeitrag 2020 erinnerlich, in dem Wissenschaftsjournalisten selbst auf dieses entscheidende Versäumnis hinwiesen.

Hier die Aussagen zweier renommierter Wissenschaftler. Gerd Antes ist einer der versiertesten Medizinstatistiker und war Direktor des Deutschen Cochrane-Zentrums am Universitätsklinikum Freiburg, das medizinische Studien wissenschaftlich prüft und auswertet. Im Oktober 2020 antwortete er dazu in einem Interview „Experte kritisiert Coronavirus-Strategie: ‚Alles versäumt worden, was irgendwie versäumt werden kann'" mit dem SWR auf die Frage, ob man mit den Schutzmaßnahmen der Bevölkerung falsche Hoffnung mache: *„Eindeutig, ja. Nicht vorsätzlich und bösartig, sondern aus einer Mischung aus Inkompetenz, Ignoranz und Arroganz. (...) Das, womit wir im April hätten anfangen können, um ganz gezielt und schnell Daten zu erheben, ist bis auf ganz wenige Ausnahmen nicht gemacht worden. Das fällt uns jetzt auf die Füße."*

Der Kölner Professor Matthias Schrappe war stellvertretender Vorsitzender des höchsten medizinischen Beratergremiums der Bundesregierung, dem Sachverständigenrat Gesundheit. Zusammen mit einer Autorengruppe aus Experten für Medizin und Pflege, öffentliches Gesundheitswesen, Medizinrecht, Sozialpolitik, darunter auch der Hamburger Rechtsmediziner Prof. Klaus Püschel, kritisierte er in regelmäßigen und umfangreichen Corona-Thesenpapieren die Handhabung der Corona-Epidemie fundamental. Hauptpunkt: die fehlenden Anstrengungen, eine vernünftige Datenbasis zu schaffen, mit der dann auch die tatsächliche Lage und Wirksamkeit der Maßnahmen hätte überprüft werden können. In einem der extrem seltenen kritischen Interviews im ZDF sagte er:

„Wir brauchen Zahlen, wir befinden uns im Bereich der Mutmaßungen, es werden Grundrechte eingeschränkt, ohne dass wir eigentlich genau verwertbare Zahlen haben. Und ich halte das als Wissenschaftler, und ich sage das ganz offen, auch als Bürger, für ein Unding, dass wir ohne eine feste Zahlenbasis zu solchen einschränkenden Maßnahmen schreiten. Vor allem da es probate Methoden gibt, die überall bekannt sind, die jeder, der sich epidemiologisch und infektiologisch betätigt hat, kennt, die zum Standardrepertoire gehören."

Moderator: *„Aber es gibt doch Zahlen, auf die immer wieder verwiesen wird. Es gibt die Infektionszahlen, dann gibt es den R-Wert, dann haben wir eine ungefähre Ahnung, wieviel Intensivbetten noch frei sind, also es ist ja nicht so, dass wir im Nebel durch die Gegend schwimmen."*

> Prof. Schrappe: *„Doch, da muss ich ihnen leider widersprechen (...). Diese Zahlen werden erhoben und dann auf die Gesamtbevölkerung umgerechnet, ohne einzuberechnen, wieviel in der Bevölkerung vielleicht noch zusätzlich infiziert sind. Diese Zahlen sind nichts wert."*

Das lässt an Deutlichkeit nichts zu wünschen übrig. Wie gesagt, das Zauberwort heißt *repräsentativ*. Nur repräsentativ erhobene Zahlen können Licht in das Dunkel einer neuen Pandemie bringen und retten dadurch Leben. Wenn es darum geht, wie es zu den Corona-Fehlentscheidungen 2020/21 kommen konnte, sollte die Verantwortung für die Unfähigkeit, repräsentative Zahlen zu erheben, ganz zentral geklärt werden. Man muss sich wirklich verdeutlichen, letztlich kam alles Wissen, das während der Frühphase der Pandemie dazu beitrug, das Infektionsgeschehen zu verstehen, aus dem Ausland. Ein Armutszeugnis für RKI, Gesundheitsministerium und die deutschen Wissenschaftsverbände. Mit zwei Ausnahmen: die Heinsberg-Studie sowie die international im Spitzenbereich angesiedelten Erkenntnisse des Moerser Modells. Solche Leistungen retten Leben. Wissenschaftlicher Dilettantismus bewirkt das Gegenteil.

Kapitel 8
Wie viele Covid-Kranke gab es?

Um die Schwere der Corona-Pandemie zu bewerten, sollten man sich nach einem Jahr nicht nur auf Schätzungen verlassen müssen, sondern auch rückwirkend auf tatsächliche Fälle. Doch leider gelingt auch dies nur teilweise. Nehmen wir zum Beispiel die vom RKI im Jahr 2020 erfassten Gesamt-Infektionszahlen von 1.785.620 (Stand 18.2.2021: 2.360.606). Diese Zahl ist stark anzuzweifeln, weil es das RKI tatsächlich fertigbrachte, seine „Nationale Teststrategie" nicht repräsentativ anzulegen. Die tatsächliche Zahl der Infizierten ist höher. Das ergibt sich allein daraus, dass das RKI als Infektionssterblichkeit (IFR) im Frühjahr 6 % und 4 % für den Winter 2020 angibt. Doch die von der WHO amtlich bestätigte IFR beträgt 0,23 %. Die Zahl 6 ist in etwa das 24-fache von 0,23. Das bedeutet, die Infektionszahl, die zur Berechnung von 6 % Sterblichkeit vom RKI angeführt wird, muss in Wirklichkeit 24-mal höher gewesen sein. Es gibt sicher in Deutschland eine große Dunkelziffer an nicht gemeldeten Infektionen, weil sie eben bei den meisten Infizierten kaum zu Symptomen führt und deshalb für diese überwältigende Mehrheit harmlos ist. Nur repräsentative Stichprobenstudien hätten eine belastbare Berechnung dieser Dunkelziffer ermöglicht, etwa durch die Messung von Antikörpern im Blut. Doch diese Studien werden bis dato versäumt. Deshalb kennen wir die Zahl der Infizierten in Deutschland selbst heute noch nicht. Ignorieren wir also diese Infektionszahlen.

Deutlich aussagekräftiger bezüglich des Bedrohungspotentials sind die Daten der gemeldeten Covid-19-Krankenhausbehandlungen. 2020 wurden laut RKI 131.714 Covid-Patienten stationär behandelt (Stand 18.2.2021 waren es 174.058 Patienten). Die entscheidende Frage bei der Beurteilung für die gesellschaftliche Bedrohung der Corona-Pandemie lautet: Führten diese Zahlen zu einer Überbelegung? Wir erinnern uns. Das ursprüngliche Ziel eines Lockdowns bestand darin, eine Überlastung der Krankenhäuser zu verhindern. Stellen wir einmal folgende These in den Raum: Wäre die neue Corona-Infektion eine außergewöhnliche gesundheitliche Bedrohung gewesen, dann hätte sich dies irgendwann im Laufe des Jahres – vor, während oder nach einem Lockdown – anhand einer allgemeinen Überbelegung der Krankenhäuser zeigen müssen. Stellen wir dazu die einfache Frage: War dies der Fall?

Es herrschte 2020 Unterbelegung – ganzjährig

Die Antwort lautet: nein. Es herrschte das ganze Jahr hindurch Unterbelegung. Das lässt sich ziemlich eindrucksvoll anhand einer Analyse belegen, die am 16. Februar 2021 veröffentlicht wurde, mit der Überschrift: „Effekte der SARS-CoV-2 Pandemie auf die stationäre Versorgung 2020". Erstellt hat sie die Initiative Qualitätsmedizin, ein Zusammenschluss deutscher und Schweizer Kliniken. Sie basiert auf den Abrechnungsdaten

Abbildung 1
Krankenhausbelegung insgesamt 2019 und 2020

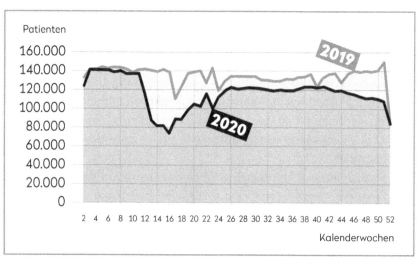

Die Einteilung links auf der Y-Achse steht für die Anzahl Patienten insgesamt. Die untere Einteilung auf der X-Achse für die Kalenderwochen. Sie können erkennen, dass im gesamten Corona-Jahr 2020 durchgängig weniger Patienten in den Krankenhäusern behandelt wurden als im Jahr 2019.

Kapitel 8: Wie viele Covid-Kranke gab es?

von 431 Kliniken aller Versorgungsstufen in Deutschland, die im Jahr 6.022.199 Fälle stationär behandelt haben. Das sind 36 % aller deutschen Krankenhausfälle, die auch 40 % aller deutschen stationär behandelten Covid-19-Fälle beinhalten. Diese Analyse besitzt somit repräsentativen Charakter in Bezug auf das deutsche Gesamtgeschehen. Ich möchte Sie jetzt nicht mit weiteren Zahlen aus dieser Analyse langweilen. Manchmal sagen Bilder mehr als tausend Worte. Werfen Sie dazu einen Blick auf die Abbildungen 1, 2 und 3. Sie vergleichen die Belegungszahlen des Jahres 2020 mit denen des Vorjahres 2019.

Abbildung 2
Krankenhausbelegung bezogen auf Atemwegsinfektionen 2019 und 2020

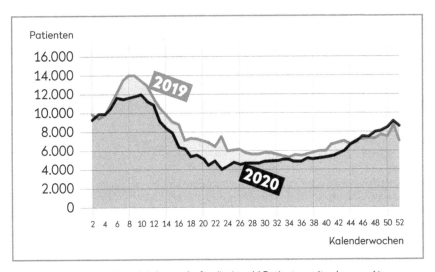

Die Einteilung links auf der Y-Achse steht für die Anzahl Patienten mit schweren Atemwegsinfektionen. Die untere Einteilung auf der X-Achse für die Kalenderwochen. Sie können erkennen, dass im gesamten Corona-Jahr 2020 weniger Patienten mit schweren Atemwegsinfektionen in den Krankenhäusern behandelt wurden als im Jahr 2019 – inklusive der Covid-Fälle, die circa 20 Prozent aller Atemwegsinfektionen 2020 ausmachten.

Teil 1

Abbildung 3
Krankenhausbelegung bezogen auf Intensivabteilung 2019 und 2020

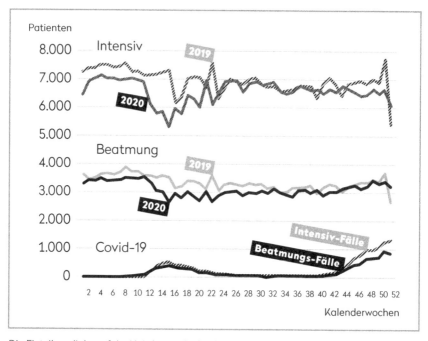

Die Einteilung links auf der Y-Achse steht für die Anzahl Patienten, die auf der Intensivabteilung behandelt werden mussten. Die untere Einteilung auf der X-Achse steht für die Kalenderwochen.
Die obere Kurve bezieht sich auf die Intensivpatienten insgesamt. Es gab 2020 so gut wie durchgehend weniger Intensivpatienten als 2019.
Die mittlere Kurve zeigt die Belegung durch die beatmeten Patienten. Auch hier gab es 2020 fast durchgehend weniger Fälle als 2019.
Die unteren zwei Kurven beziehen sich nur auf Covid-Patienten, insgesamt und beatmet. Sie sehen, selbst am Höchststand in der 50. Woche macht die Belegung durch Covid-Patienten weniger als ein Viertel der Intensivbelegung aus.

Somit gab es 2020 im Vergleich zu 2019 fast durchweg:
- weniger Gesamt-Patienten,
- weniger Patienten mit Atemwegsinfektionen,
- weniger Intensivpatienten,
- weniger Beatmungspatienten.
- Covid-Patienten nahmen maximal – und das nur kurzfristig – im Dezember ein Viertel der Intensivbetten in Anspruch

Diese Feststellungen sind umso erstaunlicher, wenn man bedenkt, dass 2019 eine selten milde Grippewelle herrschte mit einer auffallend niedrigen Gesamtsterblichkeit.

Hysterie und Wirklichkeit
Wie bitte? Ganzjährige Unterbelegung, sogar auf den Intensivabteilungen? Als Folge des ersten Lockdowns meldeten Krankenhäuser darüber hinaus Kurzarbeit an! Sehr viele Krankenhäuser kommen aufgrund der Unterbelegung in finanzielle Nöte. Und bitte bedenken Sie, diese Kurven basieren nicht auf unrealistischen, spekulativen Modellrechnungen oder Schätzungen, sondern auf den realen Krankheitscodierungen der Abrechnungsdaten und kommen damit der Wirklichkeit so nahe, wie es derzeit möglich ist. Wir reden hier über die Realität. Ein Kapazitätsengpass drohte nicht annähernd.

„Aber im Januar 2021 ging es doch richtig los mit den überquellenden Krankhäusern", wenden jetzt vielleicht manche ein. Schließlich gab es in dieser Zeit täglich auf allen Titelblättern und Kanälen Bilder von überfüllten Krankenstationen und Intensivabteilungen zu sehen. Doch auch hier täuscht die anekdotische Berichterstattung. Wahr ist, dass es allgemein auch im Winter 2021 durchgängig zu einer Unterbelegung kam. Das zeigen die Belegungszahlen der 89 Heliioskliniken bis heute, die tagesaktuell auf deren Homepage einzusehen sind. Was sagen nun diese Zahlen aus und was nicht?

Intensivabteilung

Es gab unzweifelhaft punktuellen Belegungsstress in manchen Krankenhäusern und auch überquellende Intensivabteilungen. Doch dieser Stress hatte andere, hausgemachte Gründe, auf die wir genauer im zweiten Teil des Buches eingehen. Die Intensivbelegung wird zentral erfasst von der Deutschen Interdisziplinären Vereinigung für Intensiv- und Notfallmedizin (DIVI). Am 3. Januar meldete sie den Höchststand an Covid-Fällen mit 5762 Patienten. Die Zahl der Intensivbetten beträgt in Deutschland insgesamt über 20.000, die selbstverständlich auch für andere Patienten bereitgestellt werden müssen. Durch die Verschiebungen von Wahloperationen konnte die Belegung sicher entlastet werden. Dennoch war zu keinem Zeitpunkt allgemein in Deutschland eine Kapazitätsüberschreitung durch Covid-Patienten zu befürchten. Punktuell ja, aber dann wären Verlegungen immer möglich gewesen. Denn es gab insgesamt in Deutschland weniger Intensivfälle als 2019. Dennoch forderten die Vertreter der deutschen Intensivmedizin vehement von der Politik, erst Lockdowns einzuführen und dann sogar zu verlängern.

Vielleicht hätten sie lieber auf eine andere Zahl schauen sollen. Denn etwas macht stutzig. Es ist der hohe Anteil an invasiv beatmeten Covid-Patienten von ca. 50 %. Betonen an dieser Stelle möchte ich nochmals die Bedeutung des Beatmungsdramas aus Kapitel 3. Wir müssen davon ausgehen, dass auch in Deutschland viele Covid-Patienten falsch beatmet wurden und deshalb verstarben. Dieser Erkenntnis verweigern sich die Intensivmediziner der DIVI noch heute.

Atemwegsinfektionen

Aus der Analyse der Initiative für Qualitätsmedizin lässt sich erkennen, dass 2019 in den erfassten 431 Kliniken 394.545 Patienten mit Atemwegsinfektionen stationär behandelt wurden. 2020 waren es weniger, nämlich 353.535 – inklusive der 69.364 nachgewiesenen Covid-Fälle, die eine etwas verlängerte Verweildauer aufwiesen.

Ausfallende Behandlungen

Es gab nicht nur weniger Atemwegsinfektionen, sondern zum Beispiel erstaunlicherweise auch weniger Herzpatienten. Das legt nahe, dass viele Patienten die Krankenhäuser generell mieden, auch wenn eine stationäre Behandlung notwendig gewesen wäre. Oder sogar abgewiesen wurden. Das deutet auf ein Problem hin, auf welches wir in Teil 2 des Buches genauer eingehen werden.

Diagnoseproblematik

Als die Kritik der etablierten Medien am Corona-Regierungskurs im Februar 2021 zaghaft erwachte, meldete *DIE ZEIT*: *„Zwischen 20 und 30 Prozent der Menschen, die die offizielle Statistik führt, sind nicht wegen Corona in stationärer Behandlung, sondern wurden zufällig positiv getestet."* Auch die Barmer-Krankenkasse beobachtet Doppeldiagnosen. *„Wir sehen einen nennenswerten Anteil von Krankenhausfällen, die ursächlich aufgrund einer anderen Erkrankung als Corona behandelt wurden und die dennoch in der Statistik unter ‚Corona-Patient' laufen".* Kein Wunder, denn jeder Krankenhauspatient wurde auf Corona getestet. Herzpatienten, Schwangere oder Unfallopfer ohne klare Covid-Symptome sind hochwahrscheinlich reihenweise als stationäre Covid-Fälle gezählt worden, obwohl sie nur leicht an Covid erkrankt, ja vielleicht nicht einmal infiziert waren (siehe Kapitel 4). Umgekehrt ist es sicher denkbar, dass Leber- oder Nierenkranke auch aufgrund einer unerkannten von Covid ausgelösten Vaskulitis ins Krankenhaus kamen. Auch Herzkrankheiten können eine Folge von Covid sein, genauso wie bei einer Influenza. Aber ganz sicher sind dies große Ausnahmen. Dazu kommt leider noch ein anderer, sehr menschlicher Aspekt.

Finanzielle Anreizsysteme wirken als Störfaktor

Es gibt immer wieder Angehörige, die berichten, dass ihre Verwandten definitiv keine Lungenerkrankung gehabt hätten, aber dennoch als Corona-Patienten im Krankenhaus geführt wurden. Besonders die alten, dementen Verstorbenen hätten die Covid-Diagnose fast automatisch bekommen. Das ist eine schwerwiegende Unterstellung, aber ich fürchte, dafür gibt es einen guten Grund. Denn ich kenne die Auswirkungen von finanziellen

Anreizsystemen in der Medizin. Oft gut gemeint, bewirken sie das Gegenteil. So führte der unter der früheren Gesundheitsministerin Ulla Schmidt beschlossene Kostenausgleich zwischen den Krankenkassen nicht zu einer gerechteren Verteilung, sondern zu einem Überbietungswettbewerb, welche Krankenkasse die meisten Diagnosen sammelt. Als Folge werden künstlich hohe Krankheitszahlen generiert (Stichwort Morbi RSA). Im Falle Corona bekommen Krankenhäuser nun Ausgleichszahlungen für die höhere Belastung durch Corona-Patienten, zum Beispiel pro Patient 100 Euro oder auch anhand einer Erhöhung des vorläufigen Pflegeentgeltwerts um rund 38 Euro auf 185 Euro pro Tag (Covid-19-Krankenhausentlastungsgesetz). Es ist nun betriebswirtschaftlich sinnvoll, möglichst vielen Patienten die Diagnose Covid zu vergeben, auch wenn es die Statistik verfälscht und den Quarantäneaufwand künstlich erhöht. Und da man Krankenhäuser seit Jahren unter Druck setzt, Profit zu machen, wird dieser Druck Wirkung zeigen.

All diese Kurven und Zahlen sagen aber eines ganz sicher aus: Zu keinem Zeitpunkt hatte die neue Corona-Infektion das Potential, vor, während oder nach einem Lockdown die Krankenhäuser wesentlich stärker zu belasten, als wir es aus vergangenen Grippewellen kennen.

Kapitel 9
Die dringende Botschaft der Covid-Sterbestatistik

Entscheidend für die Feststellung einer epidemischen Lage nationaler Tragweite ist, ob man im Jahresverlauf von einer außergewöhnlichen Sterblichkeit im Vergleich zu den Vorjahren ausgehen muss. Man spricht von Übersterblichkeit dann, wenn mehr Tote verzeichnet werden, als es für dieses Jahr aufgrund der Bevölkerungsentwicklung zu erwarten gewesen wäre. Die jährlichen Grippetoten wurden stets anhand solcher Übersterblichkeiten eingeschätzt. Die nun folgenden Zahlen beziehen sich auf das Statistische Bundesamt, das RKI und die weltweite Corona-Datenerfassung der Johns-Hopkins-Universität, www.worldometers.info. Es gibt manchmal leichte Unterschiede in den dortigen Tabellen, weil Faktoren wie etwa unterschiedliche Stichtage zu Detailänderungen führen. Die grundsätzlichen Dimensionen dürften jedoch ausreichend genau stimmen.

Covid-Sterbestatistik Deutschland

2020 starben offiziell 34.194 Menschen im Zusammenhang mit Corona (diese Zahl erhöhte sich bis auf 61.951, Stand 9. Februar). Zum Vergleich: Es sterben in Deutschland jährlich ca. 330.000 Menschen an Herzkreislauf-Erkrankungen und ca. 235.000 an Krebs. Covid-19 wird keinen vorderen Platz in der Tabelle der Todesursachen einnehmen. Am 12. Februar 2021 bestätigten RKI-Mitarbeiter im Deutschen Ärzteblatt die fehlende außergewöhnliche Bedrohung durch die Corona-Pandemie, als sie schrieben: *„Verglichen mit den Vorjahren verlief die Übersterblichkeit im Frühjahr etwa auf dem Niveau der Influenzawelle 2019 und war im Herbst ähnlich wie in den Influenzawellen 2017/2018."* Allerdings steht diese beruhigende Botschaft nicht in der Überschrift, sondern versteckt am Ende des Textes.

Dennoch steckt in diesen Todeszahlen eine dringende Botschaft an uns. Welche? Dazu muss man sich die Altersverteilung der Verstorbenen verdeutlichen. Am 9.2.2021 stellt sie sich folgendermaßen dar:

Abbildung 4
Altersverteilung der 61.951 Verstorbenen mit Covid-19
(Stand 9. Februar 2021)

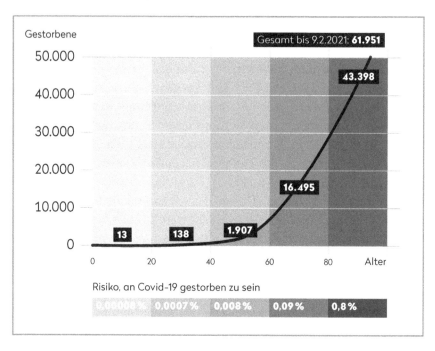

Das Sterbegeschehen spielt sich eindeutig im Altersbereich der 80-plus-Jährigen ab. Das Risiko in anderen Altersklassen, daran zu versterben, ist sehr gering. Bei Kindern und Jugendlichen wird die Gesamtzahl im niedrigen zweistelligen Bereich bleiben. Das wird aller Wahrscheinlichkeit nach die MIS-C-Problematik nicht gravierend ändern.

Das Covid-Durchschnittssterbealter (Median) betrug in Deutschland mindestens 83 Jahre. Für ein aktuell Neugeborenes beträgt die durchschnittliche Lebenserwartung derzeit in Deutschland ca. 81 Jahre. Damit dürfte Covid zu den Todesursachen mit der längsten Lebenserwartung gehören. Wir kommen gleich darauf zurück, warum dies, genau betrachtet, zunächst eine gute Nachricht für alle ist.

Fragezeichen: Totenscheine

Stimmen denn überhaupt diese Zahlen? Sie kennen die Diskussion „an oder mit Covid gestorben". Inzwischen heißt es in der Berichterstattung offiziell meist „im Zusammenhang mit" Covid verstorben. Das allein deutet die Unsicherheit bezüglich der tatsächlichen Zusammenhänge an. Die amtliche Todesursache wird auf dem Totenschein von einem Arzt festgestellt. Das grundsätzliche Problem eines Totenscheins ist, dass eigentlich nur eine Obduktion die genaue Todesursache feststellen kann. Und die ist bei fast einer Million Todesfällen pro Jahr unmöglich durchzuführen. Deshalb wird auf dem Totenschein die Todesursache vom behandelnden Arzt mehr oder weniger angenommen. Sind nun alle Toten mit der Todesursache Covid auch daran gestorben? Bei nicht wenigen beispielsweise dürfte eine unnötige invasive Beatmung (siehe Kapitel 3) die Hauptrolle gespielt haben. Der finanzielle Anreiz, die Diagnose Covid großzügig zu vergeben, gilt genauso für die Ausstellung von Totenscheinen. Andererseits gibt es bestimmt auch Patienten, die zu Hause an Covid verstorben sind und nicht erfasst wurden. Wir wissen auch nicht, welches Ausmaß die Spätfolgen der Covid-Patienten einnehmen werden. Aber diesbezüglich hohe Zahlen sind eher unwahrscheinlich. Realistischerweise sollte man davon ausgehen, dass die tatsächlichen Todeszahlen derer, die an einer von SARS-CoV-2 ausgelösten Erkrankung starben, niedriger war. Aber für die Lehre, die wir wirklich aus dem Sterbegeschehen ziehen sollten, spielt diese Diskrepanz keine Rolle. Bevor wir dazu kommen, vorher noch ein paar grundsätzliche Zahlen.

Etwas Demografie

Im Jahr 2020 starben in Deutschland 982.489 Menschen. Im Vergleich zu 2019 sind 42.969 mehr verstorben. Das klingt nach einer Übersterblichkeit. Man darf einen Faktor jedoch nicht vergessen: die Veränderung der Bevölkerungszahlen. Sowohl die Gesamtmenge als auch die Altersstruktur. Schauen wir nun auf 2006 und im Vergleich dazu auf die letzten fünf Jahre.

Teil 1

Tabelle 1
Bevölkerungszahl und Sterberate

Jahr	Bevölkerung gesamt	Verstorbene gesamt	Verstorbene in Prozent
2006	82.314.906	821.627	0,998 %
2016	82.521.653	910.902	1,104 %
2017	82.792.351	932.272	1,126 %
2018	83.019.213	954.874	1,148 %
2019	83.166.711	939.520	1,130 %
2020	83.190.556 (Stand 09.2020)	982.489	1,181 %

Im Jahr 2006 betrug der Prozentsatz der Gestorbenen in Deutschland noch 0,998 %. Seitdem erhöht sich diese Sterberate. Dabei wechseln sich Jahre mit leichter Unter- und leichter Übersterblichkeit ab. Da 2019 eher Untersterblichkeit herrschte, war 2020 wieder ein Anstieg zu erwarten. Noch aufschlussreicher ist folgende Tabelle.

Tabelle 2
Anteil der 80-plus-Jährigen an der Bevölkerung

Jahr	Bevölkerung gesamt	Anzahl 80-plus-jährig	Anteil an der Bevölkerung
2006	82.314.906	3.680.820	**4,472 %**
2016	82.521.653	4.729.203	**5,731 %**
2017	82.792.351	4.941.910	**5,969 %**
2018	83.019.213	5.150.685	**6,204 %**
2019	83.166.711	5.389.106	**6,480 %**
2020	83.190.556 (Stand 09.2020)	5.681.135	**6,829 %**

Sie sehen, der Anteil der 80-plus-Jährigen wächst jedes Jahr an. 1940 war ein geburtenstarker Jahrgang, so dass 2020 besonders viele in die Gruppe der 80-plus-Jährigen einrückten. Nun folgt die wichtigste Abbildung, um das Sterbegeschehen einzuordnen.

Abbildung 5
Anteil der verstorbenen 80-plus-Jährigen

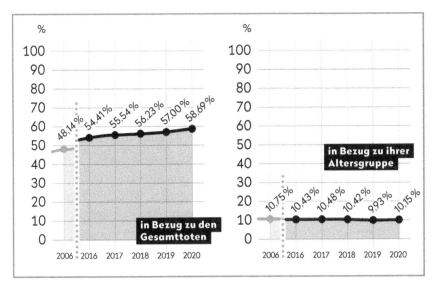

Genauso wie es einen immer höheren Anteil der 80-plus-Jährigen in der Gesellschaft gibt, wächst deren Anteil an den Gesamttoten. Das ist logisch, denn dies ist die Altersklasse mit der höchsten Sterblichkeit. Aber – die rechte Grafik zeigt leicht sinkende Prozentzahlen. Das bedeutet: Das Risiko, in dieser Altersklasse zu sterben, vergrößert sich nicht, es sinkt sogar leicht. Dies liegt daran, dass die Menschen in der 80-plus-Klasse immer älter werden. Das Jahr 2019 zeigt diesen Trend besonders deutlich, wahrscheinlich weil aufgrund der vielen Grippetoten 2018 die Grippewelle 2019 sehr mild ausfiel. An diesem Trend hat die neue Corona-Infektion trotz milden Anstiegs nichts verändert, eher im Gegenteil.

Die gute und die schlechte Nachricht des Corona-Sterbens

Dr.-Ing. Roland Bänsch aus Berlin und PD Dr. rer. nat. Rudolf A. Jörres von der Ludwig-Maximilians-Universität München (LMU) kennen sich gut mit Zahlen aus. Sie haben im Februar in einem Wissenschaftskolleg auf YouTube einen Folienvortrag veröffentlicht mit dem Titel: „*Sterbefälle in ausgewählten Ländern – Verläufe über das Jahr und wissenschaftliche Fragestellungen".* Dieser Vortrag enthält für mich eine gute wie eine schlechte Nachricht. Zuerst die gute.

Man kann anhand der Grafiken gut erkennen, wie sich das Sterbegeschehen der westlichen Länder immer mehr in die Wintermonate verlagert. Während des gesamten Jahres sterben die alten Menschen ganz offensichtlich immer weniger an ihren Grunderkrankungen wie Herzproblemen, Diabetes oder Krebs. Deshalb erreichen sie immer häufiger ein hohes Alter. Wahrscheinlich ein Verdienst der besseren medizinischen Versorgung und der Sozialsysteme. Doch mit dem hohen Alter nimmt die Leistungsfähigkeit des Immunsystems ab. Irgendwann reicht ein Infekt, der bei einem Gesunden eher leicht verläuft, aus, um den Ausschlag für ein Organversagen zu geben. Und diese Infekte treten typischerweise im Winter auf. Es liegt dann am Arzt, welche Todesursache er einträgt. Kennt er den Patienten als herzkrank, dann wird er Herztod eintragen. Im Corona-Winter vielleicht aufgrund der bereits beschriebenen Umstände eher den Infekt. Ich würde in diesem Zusammenhang fast von einem natürlichen Tod sprechen, denn das Lebenssystem insgesamt hat kaum noch Abwehrkraft. Es klingt paradox, doch diese Beobachtung ist eine gute Nachricht. Denn immer mehr von uns erwartet ein langes Leben, in dem nicht schwere Krankheiten das Ende bedeuten, sondern ein Infekt, der uns erst dann auf die letzte Reise schickt, wenn unsere natürlichen Kräfte schon längst geschwunden sind.

Und nun die schlechte Nachricht: Wir sind ungenügend auf diese Änderung des Sterbegeschehens vorbereitet. Aktuell führt eine schwere Grippe- oder Corona-Epidemie bei alten Menschen zu fürchterlichen, unwürdigen Pflege- und Sterbebedingungen, derer wir uns schämen sollten. Darauf wies uns in aller Deutlichkeit bereits der Grippewinter 2017/18 hin und, da wir nicht gehört haben, 2020/21 Corona mit dem Holzhammer. Werden wir diesmal unsere Lektion lernen? Dieser Punkt ist die wichtigste medizinische Lehre aus der Corona-Pandemie. Und weil sie so wichtig ist, wird sich im zweiten Teil des Buches das Kapitel Pflegedrama dieser Thematik ausführlich widmen.

Andere Länder

In manchen Ländern, insbesondere in Hotspots, war eine außergewöhnliche Übersterblichkeit zu messen. Wenn man in allen europäischen Ländern diese Übersterblichkeit mit der Altersentwicklung vergleicht, ergeben sich ähnliche Bewertungen wie in Deutschland. Das Sterbegeschehen betrifft die immungeschwächten alten Menschen am Ende ihres Lebens, und kein Land ist darauf gut vorbereitet.

Allerdings fällt auf, dass ein erheblicher Teil der Übersterblichkeit nicht auf Covid allein zurückgehen kann. Bis Ende Oktober 2020 wurden nach Angaben der amerikanischen Gesundheitsbehörde CDC und des britischen National Health Service (NHS) ca. 230.000 Todesfälle in den Vereinigten Staaten und 37.000 Todesfälle in Großbritannien auf Covid-19 zurückgeführt. Gleichzeitig gingen viele andere Todesursachen einschließlich Herzkrankheiten, Krebs und Grippe auf mysteriöse Weise zurück. Ein deutlicher Hinweis darauf, dass sich in Wirklichkeit manche dieser Krankheiten hinter der Todesdiagnose Covid verbargen.

Insgesamt belief sich die von der Johns-Hopkins-Universität angegebene Covid-Gesamtopferzahl 2020 auf 1,8 Millionen bei einem weltweiten Sterbegeschehen von ca. 60 Millionen Toten. An Atemwegserkrankungen und Tuberkulose (außer Lungenkrebs) sterben weltweit ca. 7,5 Millionen Menschen jährlich. Daten, mit denen sich vergleichen ließe, inwieweit sich diese Zahl durch die Corona-Toten erhöht, habe ich noch nicht gefunden. Man muss bedenken, dass 2020 das erste Jahr seit Aufzeichnung ist, in dem die Influenzafälle nur bis in den April hinein gemeldet wurden und danach die Grippe weltweit offiziell verschwunden blieb – bis Ende des Jahres! Sonst waren bis zu 645.000 Influenzatote pro Jahr üblich. Es kann gut sein, dass ein Großteil dieser 1,8 Millionen Toten vor allem eine Verschiebung von Todesursachen repräsentiert, aber keine Zunahme. Berücksichtigt man zusätzlich das hohe Sterbealter, dann ist, nüchtern betrachtet, die Bedrohung durch das neue Corona-Virus sicher nicht das vordergründige medizinische Problem für die Weltgesundheit.

Fazit Teil 1
Gibt es eine epidemische Lage von nationaler Tragweite?

Sämtliche gesellschaftliche Corona-Schutzmaßnahmen samt ihren weitreichenden Wirkungen auf das öffentliche Leben wurden politisch durch die Feststellung einer epidemischen Lage von nationaler Tragweite legitimiert. Nationale Tragweite bedeutet eine außergewöhnliche medizinische Notlage, die das Gesundheitssystem überfordert. Daraus leitet die Politik den Auftrag ab, einschränkende gesellschaftliche Maßnahmen durchzusetzen, um diese Überforderung zu vermeiden. Doch lag diese Notlage wirklich vor? Der erste Buchteil beantwortet diese Frage, indem er die Bedrohung durch die neue Corona-Pandemie anhand zweier unterschiedlicher Kriterien bewertet:

1. Wie gefährlich ist Corona für den Erkrankten?
2. Wie gefährlich ist Corona für die Gesellschaft?

1. Wie gefährlich ist Corona für den Erkrankten?
Das neue Corona-Virus löst die Krankheit Covid-19 aus. Bei ca. 95 % verläuft sie sehr milde. 5 % erkranken schwer, vor allem aus der Risikogruppe der schwer vorerkrankten, meist alten Menschen. Vor allem in den Pflegeheimen kann das neue Corona-Virus, wie prinzipiell auch Grippeviren, zu einer hohen Sterberate führen, während Menschen außerhalb der Risikogruppe nur sehr selten versterben. Ein besonderes Sterberisiko stellt die Fehlbehandlung durch eine in vielen Fällen unnötige invasive Beatmung dar.

Es gibt Langzeitprobleme, die als Long Covid bezeichnet werden. Vor allem Müdigkeit und Konzentrationsmangel können Monate nach der Infektion den Patienten zu schaffen machen. Diese Folgen betreffen auch Patienten außerhalb der Risikogruppe. Long Covid ist jedoch die Ausnahme und es besteht die Hoffnung, dass bei den allermeisten Betroffenen die Symptome spätestens nach sechs Monaten zurückgehen. Auffällig nach einer Covid-Erkrankung sind Gefäßentzündungen, die, weil sie jedes

Organ befallen können, sehr gefährlich sind. Es sind jedoch äußerst wenige Patienten davon betroffen.

All diese Langzeitfolgen sind prinzipiell auch bei der Influenza-Grippe bekannt. Es sieht jedoch danach aus, als sei das Ausmaß bei Covid-19 größer, wenngleich nicht in der Gesamtzahl dramatisch. Zukünftige Forschungen werden die Zusammenhänge besser bewerten können und auch die Frage beantworten, ob diese Phänomene vielleicht doch in Bezug stehen zu den gefährlichen Forschungen des Viruslabors in Wuhan.

Für den Erkrankten stellt Covid-19 somit eine potentiell lebensgefährliche Erkrankung dar, die, wenn auch nur in wenigen Fällen, mit erheblichen Langzeitfolgen verbunden sein kann.

2. Wie gefährlich ist Corona für die Gesellschaft?

Die Sterblichkeit der neuen Corona-Pandemie entsprach für Deutschland im Frühjahr der einer milden, im Winter der einer schweren Grippewelle der vergangenen Jahre. Sie betrifft zum allergrößten Teil Patienten aus der Risikogruppe mit einem Durchschnittssterbealter im Median von mindestens 83 Jahren. Die WHO bestätigte die grippeähnliche Infektionssterblichkeitsrate (IFR) der neuen Corona-Pandemie inzwischen offiziell.

Die Ansteckungsgefahr scheint bei der neuen Corona-Infektion etwas erhöht im Vergleich zu einer Grippe, aber bei weitem nicht in dramatischer Weise. Katastrophale, exponentielle Infektionsverläufe anzunehmen, war ab Mitte März 2020 schlicht unrealistisch. Dies zeigen auch die Belegungszahlen der Krankenhäuser. Dort herrscht seit Ausbruch der Corona-Pandemie im Vergleich zu den Vorjahren eine komplette Unterbelegung, sogar in den Intensivabteilungen. Zu keinem Zeitpunkt bestand die Gefahr, dass es allgemein zu unzumutbaren Überlastungszuständen in den Krankenhäusern kommen wird.

Die Behauptung einer außergewöhnlichen Übersterblichkeit im Rahmen der neuen Corona-Infektion ist für Deutschland grob irreführend. Vielmehr belegen die deutschen Sterbezahlen 2020, wie auch in anderen europäischen Ländern, eine jahrelange Entwicklung. Die Bevölkerungszahl wächst langsam, aber der Anteil der 80-plus-Jährigen wächst stärker. Infolge sterben jährlich immer mehr Menschen, aber nicht, weil sich die

Gesundheitslage verschlechtert. Nein, weil immer mehr Menschen ein hohes Alter erreichen! Dadurch wächst auch der Anteil hochbetagter, am Ende ihres Lebens immungeschwächter Menschen. Der letzte Auslöser ihres Todes sind dann nicht ihre Grunderkrankungen, sondern ein für andere eher harmloser Infekt, vorrangig im Winter. Auch das Corona-Jahr 2020 reiht sich genau in diesen grundsätzlichen Zusammenhang ein. Dass wir immer älter werden, ist eigentlich eine gute Nachricht. Die schlechte Nachricht ist, wir sind auf diese Veränderungen in den Pflegeheimen nicht gut vorbereitet.

Zusammenfassend bestand für die Gesellschaft in Deutschland keine außergewöhnliche Bedrohung durch die neue Corona-Pandemie. Die Feststellung einer epidemischen Lage nationaler Tragweite war zu keinem Zeitpunkt gerechtfertigt.

Vorher ist man immer schlauer

Trotz spärlicher Daten konnte man mit etwas fachlichem Wissen und Vernunft schon im März erkennen, dass es sich bei der neuen Corona-Pandemie nicht um eine Killerseuche handelte. Um dies zu dokumentieren, möchte ich Ihnen Auszüge aus meinem Bericht zur Corona-Lage zeigen, der am 7. April 2020 auf *Achgut.com* veröffentlicht wurde. Nun, ein Jahr später, würde ich nichts daran ändern:

> *„Sehr schnell war klar, dass Covid-19 für etwa 95 Prozent der Bevölkerung keine allgemeine Gefahr darstellt, aber bei 5 Prozent der Bevölkerung, Schwerkranke, meist alte Menschen, zu gefährlichen Lungenentzündungen führt, bei einer Sterblichkeit, die wahrscheinlich kaum über der einer schweren Influenza liegen wird. Das Durchschnittsalter der in Italien Verstorbenen lag mit 81 über der allgemeinen Lebenserwartung. Daraus wäre zwingend abzuleiten gewesen, sich bei dem Ansteckungsschutz auf diese Risikogruppe zu fokussieren. Es hätte sofort mit im Vergleich zu den Kosten eines Shutdowns viel geringeren, aber ausreichenden Geldmitteln folgendes umgesetzt werden müssen:*
> - *ausreichend Schutzkleidung für die Mitarbeiter von Pflegeheimen und ambulante Pflegedienste zur Verfügung zu stellen,*

- *schlecht bezahlte Pflegekräfte mit einem finanziellen Bonus auf die Zusatzbelastung zu versorgen und zusätzliche Hilfskräfte zu verpflichten,*
- *Schulungspersonal bezüglich Hygienemaßnahmen für Pflegekräfte vor Ort zu Verfügung zu stellen,*
- *polizeibewachte Schleusen vor den Eingängen einzurichten,*
- *alleinlebende Pflegedürftige in Hotels einzuladen, unter dem gleichen Hygieneregime, und das Ganze human und akzeptabel zu gestalten.*

Es gibt aktuell genügend Hinweise, dass wir es mit einer zwar schweren Infektion zu tun haben, die aber aller Voraussicht nach die Gesamtsterblichkeit des Jahres 2020 kaum außergewöhnlich anwachsen lassen wird. Während es sich immer mehr abzeichnet, dass der Kollateralschaden des Shutdowns, der jetzt schon eingetreten ist, die Gesellschaft in einem viel größeren Maß belasten wird, als es Covid-19 je könnte. Und dieser Schaden wächst mit jedem weiteren Tag ins Immense.

Das alles lässt nur einen rationalen Schluss zu: sofortiges Beenden des Shutdowns bei sofortigem maximalem Schutz für die betroffene Risikogruppe."

Nun, es kam anders. Statt den Schutz der Risikogruppen einzuleiten, fokussierte sich das Corona-Krisenmanagement auf die gesamte Gesellschaft und veranlasste Maßnahmen, die in extremer Weise in das gesellschaftliche Leben eingriffen. Die Befürworter dieser Maßnahmen behaupten, dass dadurch erst die Apokalypse abgewendet werden konnte. Politik, RKI und Wissenschaftsfunktionäre behaupten dies immer noch. Warum sie irren und stattdessen eine ganz andere Katastrophe auslösten, möchte ich Ihnen nun im zweiten Teil des Buches erklären.

Teil 2

Die Maßnahmen

Kapitel 10
Die Panikstrategie der Regierung

Ein Land in unserer Fantasie

Im Februar 2020 wurden in sozialen Medien immer häufiger Interviews mit Betroffenen und kleine verwackelte Filme unklarer Herkunft über die apokalyptisch erscheinenden Zustände aus Wuhan und Bergamo verbreitet. Überquellende Krankenhäuser, erschöpftes und verzweifeltes Klinikpersonal, Menschen, die auf offener Straße umfielen, fluteten Facebook, Twitter, YouTube und ab März auch die etablierten Medien. Modellrechnungen sagten exponentiell nach oben schießende Horrorkurven und viele Millionen Tote voraus. Besonders einflussreich war ein alarmierendes Computermodell, das ein Team des Imperial College London unter der Leitung des Physikers Neil Ferguson veröffentlichte und monatelange strenge soziale Distanzierung empfahl. Das muss auch die deutsche Politik sehr beeindruckt haben, denn im März erfolgte ein radikaler Schwenk in ihrer Einschätzung der kommenden Pandemie. Vorher kommentierte man die Lage recht entspannt. Gesundheitsminister Spahn, flankiert von den Professoren Wieler und Drosten, sah lediglich das Gefahrenpotential einer normalen Grippewelle.

Wer nun glaubt, dass unsere Regierung in einer solchen Situation versuchen würde, solide und belastbare Informationen zu sammeln, um dann mit einem interdisziplinären Expertenteam die Lage zu bewerten, der glaubt an ein professionelles Vorgehen, so wie es sein sollte. Schließlich hat die Regierung Möglichkeiten, die die Millionen anderen Empfänger solcher Katastrophenmeldungen nicht haben: Konsulate und Botschaften vor Ort, einen Geheimdienst, eine KM-Abteilung im Bundesinnenministerium (KM für Krisenmanagement), die mit ihren sechs Referaten und ca. 60 Mitarbeitern dazu da ist, Katastrophenszenarien realistisch einzuschätzen und Schutzmaßnahmen zu entwickeln. Außerdem kann die Regierung für ihre fachliche Beratung nicht nur auf das Robert-Koch-Institut, Virologen und Modellrechner zurückgreifen, sondern auch auf das BBK (das Bundesamt für Bevölkerungsschutz und Katastrophenhilfe, das als nachgeordnete Behörde des BMI diesem unmittelbar zuarbeitet) und hunderte weitere exzellente Experten verschiedenster Fachgebiete.

Epidemiologen, Geriater, Pflegewissenschaftler, Infektiologen, Lungenärzte, Psychologen, Hausärzte und viele mehr stammen aus Fachrichtungen, deren Wissen für ein gutes Corona-Pandemiekonzept unverzichtbar ist. Ihre wissenschaftlichen Vertretungen haben in den letzten Jahrzehnten in langen, mühsamen Kämpfen Qualitätskriterien durchgesetzt, die dann in Form von sogenannten evidenzbasierten Behandlungsleitlinien wichtige Verbesserungsprozesse eingeleitet haben. Das funktioniert aber nur, wenn die Regeln guter Wissenschaft eingehalten werden. Zum Beispiel die Bewertung der Studienqualität durch eine Art Studien-TÜV (Evidenzbasierte Medizin), mit dem sich die Aussagekraft von Studien einordnen lässt. In einer modernen Medizin geben nicht mehr Platzhirsche vor, was zu tun ist, sondern dies wird interdisziplinär in einem klar geregelten, sachlichen Streit herausgefunden. Medizin ist heute zu komplex, um von einer Person überblickt zu werden, die dann aus der Hüfte Schnellschüsse von sich gibt. Dieser Weg hat die Medizin in den letzten Jahren entscheidend verbessert.

Wenn Politik in ihren Entscheidungen auf solche Standards setzt, dann werden Lösungen gefunden mit gutem Nutzen und möglichst kleinem Schaden. Fehlleistungen wie etwa die ungesicherte Zulassung des Schlafmittels Contergan mit seinen schrecklichen Folgen sind dann nicht mehr möglich. Aufbauend auf belastbaren Informationen hätte ein solches interdisziplinäres Team in Sonderschichten ein tragbares Maßnahmenkonzept erarbeitet. Zusätzlich wären sofort repräsentative Stichprobenstudien eingerichtet worden, um diese Maßnahmen auf ihre Wirksamkeit und ihr Nebenwirkungspotential regelmäßig zu überprüfen und sie entsprechend anzupassen. All das ist kein Hexenwerk, sondern eine wohlbekannte und gut etablierte Vorgehensweise in der Medizin.

Frau Prof. Ingrid Mühlhauser, Internistin und Gesundheitswissenschaftlerin aus Hamburg, beispielsweise ist in Deutschland die erste Adresse für die Erarbeitung einer kompetenten, medizinischen Risikokommunikation. Doch niemand meldete sich bei ihr. Sie hätte darauf hingewirkt, dass die Bevölkerung vernünftig und nachprüfbar auf die Pandemie vorbereitet worden wäre. Zahlen wären in einen Kontext gestellt worden, so dass ein mündiger Bürger das Bedrohungspotential selbst hätte einschätzen können. Man hätte Respekt vor der neuen Erkrankung vermittelt und damit eine nachhaltige Motivation, sich an Regeln zu halten. Auf Panik jedoch setzt kein professionelles Krisenmanagement. Auch wenn man damit argumentiert, dass die Bürger die Bedrohung ansonsten auf die leichte Schulter genommen hätten, ist eine angsterzeugende Informationsstrategie nie eine gute Idee. Denn wenn es in einem Saal lichterloh brennt, ist Panik das Letzte, was man auslösen sollte. In Angst und Schrecken versetzte Menschen reagieren irrational und verstopfen dann die Ausgänge. Wer hingegen Menschen überzeugen will, sich geordnet und verantwortlich zu verhalten, muss Vertrauen schaffen. Und das bedeutet vor allem: Vertrauen in die Seriosität der Informationsweitergabe.

So hätte ein vernunft- und kompetenzgesteuertes Vorgehen im Rahmen einer drohenden Krise ausgesehen. Ein Vorgehen in einem Land, welches leider nur in unserer Fantasie existiert. Denn man ging anders vor, ganz anders.

Das rätselhafte „Geheimpapier"
Die Regierung setzte seit Mitte März 2020 auf die Verbreitung von irreführenden Panikzahlen. Die Grundlage dieser Strategie bildet ein 17-seitiges Papier des Bundesinnenministeriums mit dem Titel „Wie wir Covid-19 unter Kontrolle bekommen". Dieses Papier wurde ab dem 18. März an weitere Ministerien sowie das Bundeskanzleramt mit dem Stempel „Geheim" verteilt. In diesem Papier beschwört man schlimmste Auswirkungen der Pandemie, mit einem „Worst-Case-Szenario". Wörtlich steht darin, man rechne mit „über einer Million Toten im Jahre 2020 – für Deutschland allein... wenn nichts getan wird". Die Kennzeichnung als „Geheimpapier" ist jedoch eher als Marketingmaßnahme zu verstehen, denn gleichzeitig wurde dieses Papier gezielt an ausgewählte Redakteure weitergeleitet. So ließ *DER SPIEGEL* unverzüglich über die schrecklich klingenden Inhalte wissen: *„In einem Worst-Case-Szenario beschreiben die Wissenschaftler, was passiert, wenn der Staat gegen die Corona-Epidemie nur wenig unternimmt, etwa nur Großveranstaltungen verbietet und Reisetätigkeiten einschränkt."*

Dadurch „*wären bald 70 Prozent der Bevölkerung infiziert, mehr als 80 Prozent der Intensivpatienten müssten von den Krankenhäusern abgewiesen werden, die Todeszahlen in Deutschland überstiegen die Millionengrenze*". Die angeblich geheime Kommandosache war letztlich eine erfolgreiche PR-Aktion, um effektvoll Angst zu verbreiten.

Damals wie heute war klar, dass diese Annahmen haltlos übertrieben waren. Nichts in diesem Papier deutet darauf hin, dass ihm ein sorgfältiger Erkenntnisprozess zugrunde lag, so wie es auf den vorangegangenen Seiten beschrieben wurde. Stattdessen gaben ganz offensichtlich einseitig von Panik geradezu elektrisierte Autoren den Ton an. Doch wie kam dieses Papier eigentlich zustande?

Panik auf Bestellung

Was Sie nun lesen, hätte ich bis vor kurzem nicht für möglich gehalten. In meiner Tätigkeit für Fachverbände und als Buchautor habe ich schon viel Wissenschaftsmissbrauch erlebt und beschrieben. Aber der folgende Vorgang übersteigt dann doch den üblichen Rahmen, um es einmal vorsichtig auszudrücken. Es geht um die Entstehungsgeschichte dieses „Geheimpapiers" aus dem Bundesinnenministerium (BMI), die der Rechtsanwalt Niko Härting im Januar 2021 aufdeckte. Er erstritt nach mehrmonatigen rechtlichen Auseinandersetzungen die Offenlegung eines 200 Seiten starken internen Schriftverkehrs zwischen der Führungsebene des Ministeriums und ausgewählten Forschern. Die *Welt am Sonntag* berichtete im Februar 2021 in zwei Beiträgen darüber.

Die Korrespondenz zeigt, wie das BMI Wissenschaftler dafür einspannte, Textbausteine für ein Strategiepapier zu erstellen, das die Bedrohungen durch Corona in den grellsten Farben ausmalen sollte. Konkret bat Staatssekretär Markus Kerber darum, ein Modell zu erarbeiten, auf dessen Basis „Maßnahmen präventiver und repressiver Natur" geplant werden könnten. Die eigenen Möglichkeiten, eine solche Krisenanalyse durch die spezialisierten Beamten der Abteilung Krisenmanagement (KM) zu begleiten, ließ man links liegen. Man hatte ganz offensichtlich gar kein Interesse daran, die aufkommenden Panikmeldungen auf ihre Substanz hin zu überprüfen. Stattdessen vergab man eine Auftragsforschung, deren Ergebnis schon im Auftrag festgelegt wurde. Dazu wählte das BMI bewusst Forscher aus, die das Spiel bereitwillig mitspielten. Sie lieferten nach vier Tagen die bestellten Ergebnisse, aus denen dann mit heißer Nadel das „Geheimpapier" im Ministerium gestrickt wurde.

Aktivisten und China-Fans entwerfen Deutschlands Pandemie-Strategie

Federführend war beispielsweise der 52-jährige Germanistik-Doktorand Otto Kölbl, der an der Universität Lausanne als Prüfer von Sprachtests angestellt ist und zuvor auch schon als Sprachlehrer in Zentralchina gearbeitet hatte. Gegenüber der Welt am Sonntag bestätigte Kölbl, die erste Fassung dieses Papiers selbst verfasst zu haben. In seinem Blog bezeichnete sich Kölbl als „Member of German Interior Min. Covid-19 task force". Doch was qualifizierte ihn dafür? Etwa seine Analysen, die er in sozialen Netzwerken verbreitet, wie zum Beispiel folgende: *„Mao ist an die Macht gekommen in einem Land, in dem die hochkultivierte intellektuelle Elite vorher uneingeschränkt herrschte (...) dann schickte Mao die Intellektuellen Klo putzen, und das Land entwickelte sich, während es vorher der ‚Kranke Mann Asiens' war".* Seine Beiträge widmet er gerne auch „den Mitstreitern auf Twitter und Facebook gegen die neuen Ultra-Rechtsliberalen."

Wenig Begeisterung für dieses Engagement zeigte sein Arbeitgeber, die Universität Lausanne, doch Staatssekretär Markus Kerber setzte sich persönlich für Kölbl ein. Er schrieb nach Lausanne, Kölbl habe *„durch seine Mitarbeit bisher schon enorm wichtige Impulse setzen können (...). Ich wäre Ihnen allen sehr verbunden, wenn Herr Kölbl auch weiterhin mit seinen wissenschaftlichen Erfahrungen einen Beitrag leisten dürfte."* Dave Lüthi, Uni-Dekan aus Lausanne, hielt dies zunächst für einen Scherz.

Zwei Wochen bevor das Bundesinnenministerium Otto Kölbl in den Expertenrat berief, verfasste er zusammen mit dem Politikwissenschaftler Maximilian Meyer, der früher an der University of Nottingham Ningbo China und heute an der Uni Bonn lehrt, ein Papier mit dem Titel „Von Wuhan lernen – es gibt keine Alternative zur Eindämmung von Covid-19", in dem beide einen streng autoritären Lockdown dringend empfehlen. Dieses Papier wurde in die Regierungskanäle Deutschlands und Österreichs gestreut und scheint das BMI beeindruckt zu haben. Die *Welt am Sonntag* schreibt: „*Mitte März meldete sich dann das BMI bei Meyer und Kölbl und berief die Exoten in die Expertengruppe, die Deutschlands Weg durch die Pandemie vorzeichnen sollte.*" Staatssekretär Kerber schien mit deren Arbeit jedenfalls sehr zufrieden zu sein. Per E-Mail bestätigte er, das Dokument sei sehr gut angekommen „und wird in seiner hohen Qualität und Umsicht nun den Weg ins Krisenkabinett der Bundesregierung finden".

Der Beginn des Meinungskartells

Auf diese „infektiologisch-medizinische" Kompetenz setzte Horst Seehofers Ministerium, um die Vorgehensweise in der bisher schwersten Herausforderung der Bundesrepublik Deutschland festzulegen. Niemals hätte das mitbeteiligte Robert-Koch-Institut diesem unwürdigen Treiben zustimmen dürfen. Da es die RKI-Leitung unterließ, dagegen zu protestieren, fällt diese folgenschwere Fehlleistung auch auf sie zurück. Die zentrale Bedeutung dieses Papiers besteht darin, dass es die „wissenschaftliche" Basis für die Feststellung einer epidemischen Lage nationaler Tragweite bildet und damit für alle tief in die Grundrechte eingreifenden Schutzmaßnahmen. Ich möchte diesen Vorgang gar nicht weiter bewerten. Lieber zitiere ich zwei Personen, die es an Deutlichkeit nicht mangeln lassen:

Bundestags-Vizepräsident Wolfgang Kubicki (FDP) schrieb dazu: „*Das Bundesinnenministerium unter Horst Seehofer hat im Frühjahr 2020 auf Forscher eingewirkt, um eine Rechtfertigung für harte Corona-Maßnahmen zu erhalten. Solche Mittel, die Angst in der eigenen Bevölkerung auslösen sollen, gehören eigentlich zum Instrumentenkasten autoritärer Staaten. Der Eindruck muss entstehen, dass die Bundesregierung die ordentlichen demokratischen Wege als nicht mehr ausreichend ansieht, um ihre Corona-Politik durchzusetzen. Und es weckt zugleich Zweifel an der Seriosität der beteiligten Wissenschaftler, unter anderem vom Robert-Koch-Institut, die sich für diese Zwecke vor den Karren spannen ließen. Es wird Zeit, dass diese Regierung abgelöst wird.*"

Noch deutlicher wird der ehemalige Richter am Bundesgerichtshof Stefan Leupertz: „*Gefährlich wird die Lage, wenn der Staat beginnt, schon die Generierung der Informationen und ihre Interpretation durch dann eben nicht mehr unabhängige Experten zu organisieren. Genau das ist hier geschehen. Das*

BMI hat ersichtlich und am Ende mit großem Erfolg versucht, ein Informations- und Meinungskartell zu organisieren, das es den politischen Entscheidungsträgern in schwieriger Lage ermöglicht, durch eine Politik der Angst Entscheidungskompetenz auch ohne belastbare sachliche Rechtfertigung zu erlangen."

Irritierendes Menschenbild

Schauen wir uns einzelne Passagen aus diesem „Geheimpapier" genauer an. Zum Beispiel Seite 1 unter „was ist zu tun?"

„Kommunikation: Der Worst Case ist mit allen Folgen für die Bevölkerung in Deutschland unmissverständlich, entschlossen und transparent zu verdeutlichen."

Und wie soll das bewerkstelligt werden? Die Anleitung folgt:

„Um die gewünschte Schockwirkung zu erzielen, müssen die konkreten Auswirkungen einer Durchseuchung auf die menschliche Gesellschaft verdeutlicht werden:

1) Viele Schwerkranke werden von ihren Angehörigen ins Krankenhaus gebracht, aber abgewiesen, und sterben qualvoll um Luft ringend zu Hause. Das Ersticken oder nicht genug Luft kriegen ist für jeden Menschen eine Urangst. Die Situation, in der man nichts tun kann, um in Lebensgefahr schwebenden Angehörigen zu helfen, ebenfalls. Die Bilder aus Italien sind verstörend.

2) „Kinder werden kaum unter der Epidemie leiden": Falsch. Kinder werden sich leicht anstecken, selbst bei Ausgangsbeschränkungen, zum Beispiel bei den Nachbarskindern. Wenn sie dann ihre Eltern anstecken, und einer davon qualvoll zu Hause stirbt und sie das Gefühl haben, schuld daran zu sein, weil sie zum Beispiel vergessen haben, sich nach dem Spielen die Hände zu waschen, ist es das Schrecklichste, was ein Kind je erleben kann.

3) Folgeschäden: Auch wenn wir bisher nur Berichte über einzelne Fälle haben, zeichnen sie doch ein alarmierendes Bild. Selbst anscheinend Geheilte nach einem milden Verlauf können anscheinend jederzeit Rückfälle erleben, die dann ganz plötzlich tödlich enden, durch Herzinfarkt oder Lungenversagen, weil das Virus unbemerkt den Weg in die Lunge oder das Herz gefunden hat. Dies mögen Einzelfälle sein, werden aber ständig wie ein Damoklesschwert über denjenigen schweben, die einmal infiziert waren."

Ich finde das autoritäre Menschenbild erschreckend, das hinter solchen Aussagen steckt. Es soll Menschen durch Angst gefügig machen. Und doch war es das Leitbild, demzufolge die Regierung und das Robert-Koch-Institut fortan die Bevölkerung über die Corona-Lage informierten.

Die Bevölkerung war chancenlos
Alle nachfolgenden Regierungsverlautbarungen, Bundespressekonferenzen, RKI-Berichte und fast die komplette Medienberichterstattung von der Tagesschau über das heute-journal und Deutschlandradio bis zu den allermeisten Tageszeitungen lassen seitdem der Bevölkerung keine Chance, durch Vergleiche und Einbettung der Zahlen die neue Corona-Infektion selbst realistisch einzuordnen – und ihr damit auch den Schrecken zu nehmen.

Stattdessen inszeniert man die täglichen Corona-Todeszahlen als Bedrohung für die Gesellschaft, verschweigt aber, dass sie überwiegend Teil des ganz normalen Sterbegeschehens eines 83-Millionen-Landes mit täglich ca. 2700 Todesfällen sind. Lediglich im Dezember 2020 und Januar 2021 wurden insgesamt leicht erhöhte Todeszahlen erreicht, ähnlich wie im März 2018. Im Frühjahr 2021 dagegen starben insgesamt täglich weniger Menschen als üblich, trotz der Corona-Toten.

Weitere Zahlen, die die Corona-Meldungen in ein realistisches Bild gerückt hätten, sind zum Beispiel die 660.000 Lungenentzündungen, an denen Patienten in Deutschland jedes Jahr erkranken und von denen ca. 300.000 im Krankenhaus behandelt werden müssen. Jährlich sterben 40.000 Menschen daran. Oder auch die ca. 400.000–600.000 Menschen, die sich in Krankenhäusern oder Pflegeeinrichtungen mit einer nosokomialen Infektion anstecken. Ursache sind meist multiresistente Krankenhauskeime, die dann alle möglichen Krankheiten auslösen, von der Blasenentzündung bis zur Pneumonie. 10.000–20.000 Menschen sterben jedes Jahr daran, und zwar meist in Zusammenhang mit schweren Vorerkrankungen, derentwegen sie ursprünglich ins Krankenhaus eingewiesen wurden. Die höchsten Ansteckungsraten gibt es dabei auf Intensivstationen. Deutschland liegt hier übrigens über dem EU-Durchschnitt. In Ländern wie Italien oder Frankreich sind diese in den Krankenhäusern selbst erworbenen Infektionen ein noch viel größeres Problem. Nicht dass dies beruhigend wäre, es gibt definitiv bezüglich Krankenhaushygiene deutliches Verbesserungspotential. Doch die außergewöhnliche Bedrohung durch die neue Corona-Infektion relativiert sich im Vergleich dazu recht schnell.

Bergamo und Massengräber
Äußerst hilfreich für die Bürger wäre es auch gewesen, hätte die Politik die medialen Schreckensberichte beispielsweise zu Bergamo oder New York nicht unkritisch übernommen, sondern diese sensationsheischenden Horrormeldungen anhand der Realität eingeordnet. Bergamo beispielsweise ist eine katholische Stadt. Üblich sind Erdbestattungen. Es gibt nur wenige Krematorien, weil Feuerbestattungen die Ausnahme sind. Da jedoch die Behörden im Rahmen der Corona-Pandemie die sofortige Verbrennung aller Leichen anordnete, musste es zu einem Stau der Särge und einer Verteilung in die Krematorien anderer Städte kommen. Doch dieser Transport wurde medial zum Horror umgedeutet.

Die überforderten Notaufnahmen in Madrid oder New York sind ein Problem der dortigen, viel schlechter ausgestatteten Gesundheitssysteme, die jeden Winter an ihre Grenzen geraten. Als im April Drohnenbilder der Corona-Massengräber auf Hart Island die Panik anheizten, hätte man auch erwähnen können, dass es üblich ist, mittellose Verstorbene aus New York dort zu bestatten. Und dies auch immer wieder in hoher Zahl, aufgrund der jährlichen, mehr oder weniger schweren Grippewellen.

Zu keinem Zeitpunkt wurde durch realistische Vergleiche und Einbettung in Gesamt- und Vorjahreszahlen solide informiert. Wobei informieren das falsche Wort ist. Die ständige irrationale Behauptung, alles sei außergewöhnlich schlimm und das Schlimmste stehe uns noch bevor, die Todeszahlen stiegen rasant, und wenn nicht, dann würden sie es noch tun, ist reine Angstpropaganda. Sie geschieht nicht nur aus Unfähigkeit, sondern auch mit Vorsatz, wie es die aufgedeckten Vorgänge um die Entstehungsgeschichte des „Geheimpapiers" aus dem BMI belegen.

Kapitel 11
Lockdown – der Nutzen

China – Retter der Welt?

Anfang Januar 2020 reagierte die kommunistische Regierung Chinas unter ihrem Staatschef Xi Jinping auf das Infektionsgeschehen in Wuhan mit der totalen Abriegelung einer 11-Millionen-Stadt. Menschen durften ihre Wohnungen nicht mehr verlassen, die Eingangstüren wurden regelrecht versiegelt. Das Leben stand still. Dieser Vorgang ist einmalig in der Geschichte. Nie zuvor wurden in diesem Ausmaß gesunde Menschen in Quarantäne gezwungen, um eine Infektion zu bekämpfen. Der Direktor der WHO, Tedros Adhanom Ghebreyesus, zeigte sich *„sehr beeindruckt und ermutigt von den detaillierten Kenntnissen des Präsidenten über den Ausbruch"* und lobte China dafür, *„einen neuen Standard für die Reaktion auf einen Ausbruch zu setzen"*. Im Februar meldete China einen exponentiellen Rückgang der Covid-19-Fälle. Umgehend schwärmte die WHO ob der Erfolgsmeldung eines autoritären Regimes: *„Generalsekretär Xi Jinping hat die Präventions- und Kontrollarbeit persönlich geleitet und umgesetzt... Chinas kompromissloser und rigoroser Einsatz von nicht-pharmazeutischen Maßnahmen zur Eindämmung der Übertragung des Covid-19-Virus in verschiedenen Situationen liefert wichtige Erkenntnisse für die weltweite Bekämpfung."*

Fast alle Länder folgten diesem Beispiel, im blinden Vertrauen, dass China den einzig richtigen Weg im Umgang mit der neuen Corona-Pandemie gefunden hatte.

Westliche Standards galten nicht mehr

Bewährte Erkenntnismethoden westlicher Wissenschaftsstandards wurden dagegen beiseitegeschoben. Dafür beherrschten ab März plötzlich Wissenschaftler, die das Vorbild Chinas lobten, als Lockdown-Befürworter omnipräsent die Debatte. Und das ohne ein einziges belastbares wissenschaftliches Argument. Teilweise dieselben, die noch wenige Wochen zuvor an dem neuen Coronavirus nichts außergewöhnlich Schlimmes fanden. Einzelne Lockdown-Entscheidungen, wie etwa Schulschließungen, wurden ad hoc quasi nach Hörensagen empfohlen, nachdem man 24 Stunden zuvor noch anderer Meinung war. Bis heute ist nirgends einzusehen, worauf sich selbst einschneidendste Verordnungen fachlich bezogen. Oft wurden nicht einmal Protokolle dieser Entscheidungsprozesse angelegt.

Dennoch hat sich seitdem die öffentliche Meinung verfestigt, nach dem Motto: Gehen die Infektionszahlen runter, war der Lockdown richtig, steigen sie, war er nicht hart genug. Stiegen in Ländern wie Schweden, die sehr zurückhaltend mit der Einschränkung des öffentlichen Lebens umgingen, die Zahlen an, lag es an der fehlenden Entschlossenheit. Gingen die Zahlen runter, wäre es mit einem Lockdown erst gar nicht so schlimm gekommen. Nach dieser Logik stiegen Umfragewerte von Politikern, die besonders harte Maßnahmen forderten, während zaghafte Lockerungsversuche öffentlich abgemahnt wurden.

Doch so sehr sich diese Logik auch durchgesetzt hat, so sehr ist sie von der Wirklichkeit widerlegt worden.

Abflachen der Kurve

Im Frühjahr wurde der Lockdown offiziell damit begründet, eine Überbelegung der Krankenhäuser zu verhindern, so wie man sie durch Bilder aus Wuhan und Bergamo vermittelt bekam. Erreichen wollte man dies nicht durch die absolute Reduktion der Infektionszahlen, sondern vor allem über eine zeitliche Streckung, um einen Krankheitspeak zu vermeiden, der dazu geführt hätte, schwer Erkrankte dann an der Krankenhauspforte abweisen zu müssen. International bekam diese Strategie den Namen „flattening the curve". Die Dringlichkeit unterstrichen täglich neue Bilder von überfüllten Krankenhäusern aus Deutschland und Interviews mit erschöpftem Personal. Doch diese anekdotische Informationsweise vermittelte ein falsches Bild der gesamtdeutschen Realität. In Wirklichkeit herrschte das gesamte Jahr Unterbelegung – vor, während und nach einem Lockdown, wie es in Kapitel 8 belegt wird.

Fehlende Kennziffern

Wer eine solch umfassende Maßnahme wie einen Lockdown professionell steuern möchte, benötigt dazu Kennziffern. Sprich Zahlen, mit denen sich

Notwendigkeit und Ergebnisse gut einschätzen lassen. Doch die gab es nie. Die Zahlen der „Neuinfizierten", wie sie das RKI täglich meldet, sind unbrauchbar, um die Situation in Deutschland einzuschätzen. Und wieder zeigt sich schmerzlich das Fehlen repräsentativer Stichprobenstudien (s. Kapitel 7).

Auch die Zählung der täglichen Todesfälle erfolgte chaotisch. Die gemeldeten Fälle erstreckten sich in Wirklichkeit über einen Zeitraum von bis zu sechs Wochen. Das hielt aber Gesundheitsminister Jens Spahn in der Pressekonferenz vom 30.12.2020 nicht davon ab, die Bevölkerung hochemotional auf die Verlängerung des Lockdowns einzuschwören: *„1129 Todesfälle sind allein an diesem Morgen zu beklagen. 1129 Familien werden diesen Jahreswechsel in Trauer erleben."* Wusste er wirklich nicht, dass selbst das RKI schon darüber berichtet hatte, dass viele Todesfälle der Weihnachtstage zu diesem Zeitpunkt erst nachgemeldet wurden? RKI-Leiter Prof. Lothar Wieler saß direkt neben Jens Spahn.

Die einzigen vorliegenden, aussagekräftigen Daten waren die Daten der Krankenhausbelegungen selbst, insbesondere die der Intensivabteilungen. Hier gab es aber lediglich im Winter, und das auch nur punktuell, enge Situationen. Wir kommen noch auf die Gründe zurück, sie sind nämlich selbstverschuldet. Allgemein herrschte auch hier Unterbelegung (Kapitel 8).

Das Experiment Lockdown ist gescheitert – von Anfang an

Die fehlende Relevanz eines Lockdowns kündigte sich früh an, zum Beispiel auf Marineschiffen. Dort konnte selbst eine extreme Abschottung und Isolierung die Ausbreitung von SARS-CoV-2 nicht verhindern. Ab Herbst verdichteten sich die Belege für die fehlende Relevanz eines Lockdowns. Zahlreiche internationale Studien kamen zu diesem Ergebnis. Die wissenschaftlich hochwertigste Arbeit stammt aus der Stanford-Universität, wieder aus der Co-Feder des weltweit führenden Epidemiologen Prof. John Ioannidis. Sie wurde nach allen Regeln der Kunst verfasst und am 5. Januar 2021 veröffentlicht. Darin wurden die Daten aus zehn Ländern analysiert: England, Frankreich, Deutschland, Iran, Italien, Niederlande, Spanien, Südkorea, Schweden und die USA. In Schweden und in Südkorea gab es nie einen „Lockdown", während die USA, Frankreich, Deutschland, England, Italien und Spanien einen Lockdown unterschiedlicher Härte verhängten. Das Ergebnis: In den Staaten mit den härtesten Maßnahmen war die Zahl der Toten oft höher als in den Staaten mit weniger harten Einschnitten. Die Forscher fanden *„in keinem Land einen klaren, signifikanten positiven Effekt von mrNPIs (harten Maßnahmen) auf das Fallwachstum."*

Besonders bemerkenswert ist die Beobachtung, die die Forscher wie folgt beschreiben: *„Die empirischen Daten zu den Merkmalen der Todesfälle... zeigen, dass der Anteil der Covid-19-Todesfälle in Pflegeheimen unter strengeren Maßnahmen häufig höher war als unter weniger restriktiven Maßnahmen."* Das heißt im Klartext, beim wichtigsten Punkt, nämlich beim Schutz der Risikogruppen, scheinen allgemeine, harte Maßnahmen wie ein Lockdown sogar Nachteile zu bringen.

Forscher der Ludwig-Maximilians-Universität München (LMU) veröffentlichen seit Monaten regelmäßig „CoDAG-Berichte" (Covid-19 Data Analysis Group). In ihrem siebten Bericht bezüglich der Analyse des Dezember-Lockdowns 2020 kamen sie für Deutschland zu einem ähnlichen Ergebnis. Da, wo es darauf ankommt, in der Gruppe der 60- bis 79-Jährigen sowie der über 80-Jährigen, kam es zu einem Anstieg der Infektionen.

Die Wirklichkeit wird zur Provokation

Wenn ich in einer Diskussion mit den CoDAG-Berichten oder der Stanford-Studie argumentiere, dann halten mir Lockdown-Befürworter entgegen, dass diese Studien ja auch kritisiert werden und es andere Studien gebe, die den Nutzen eines Lockdowns festgestellt hätten. Nun sind diese anderen Studien meist Modellrechnungen, mit denen sich alles Mögliche „beweisen" lässt, wie zum Beispiel die behauptete Gefahr von 1 Million Corona-Toten 2020 in Deutschland. Die Qualität der Stanford-Studie ist weit höher anzusiedeln. Die Lockdown-Befürworter tun so, als müssten die Lockdown-Kritiker die tollste Studie der Welt vorlegen, dabei ist es umgekehrt: Nicht die Freiheit muss sich rechtfertigen, sondern diejenigen, die sie einschränken. Gäbe es eine Studie vergleichbarer Qualität, die den Nutzen belegt, würde ich nachdenklich werden. Aber hier herrscht Fehlanzeige.

Deshalb müssten die Schlagzeilen seit dieser Studie lauten: „Lockdown nutzlos. Führende Forscher der Stanford Universität belegen die fehlende Relevanz" oder in der *Tagesschau*: „Der weltweit anerkannteste Epidemiologe belegt Nachteile beim Schutz der Risikogruppe durch einen Lockdown." Doch etwas anderes passiert. Man versucht Prof. Ioannidis in deutschen Medien zu diskreditieren. Am 30.Januar 2021 schreibt der Medizinjournalist Werner Bartens in der *Süddeutschen Zeitung* unter der Überschrift: *„Da gibt es doch diese Studie aus Stanford..."* tatsächlich: *„Über unvermeidbare Unsicherheiten und den schillernden John Ioannidis."* In der *Welt* interviewten die Wissenschaftsjournalistinnen Birgit Herden und Pia Heinemann Prof. Ioannidis und schrieben dazu am 21. März 2021: *„John Ioannidis galt lange als Lichtgestalt der medizinischen Forschung – in der Pandemie aber wird er zum Provokateur."* Ganz abgesehen davon, dass diese Entgleisungen hochnotpeinlich auf die Autoren selbst zurückfallen, muss man inzwischen konstatieren: Inzwischen gilt in der Corona-Debatte die Wirklichkeit selbst schon als Provokation.

Kreisklasse oder Ronaldo

Boris Reitschuster ist einer der ganz wenigen Journalisten, die in der Bundespressekonferenz den Regierungssprechern, dem RKI-Chef, Ministern und der Bundeskanzlerin kritische Fragen zur Corona-Politik stellen. Er wollte zum Beispiel wissen, ob lockdownkritische Studien bei den Corona-Entscheidungen berücksichtigt würden. Und bekam stets ausweichende, unkonkrete Antworten. Genau wie auf seine Nachfrage, auf welche Studien sich denn die Regierung stattdessen beziehe. Nebulös wurde auf die eigenen Berater verwiesen. Hierzu möchte ich einmal in aller Klarheit den Unterschied der Professoren Lauterbach, Drosten oder Wieler in Bezug zu den Professoren Ioannidis, Schrappe oder Antes (siehe Zitate Kapitel 7) deutlich machen. Die Beurteilung eines ausgebrochenen Krankheitsgeschehens in der Bevölkerung ist die Domäne des Fachs Epidemiologie. Drosten (Virologie), Wieler (Mikrobiologie) und Lauterbach (Gesundheitsökonomie) haben auf diesem Gebiet keine besonderen Kenntnisse. Ioannidis ist auf diesem Gebiet der führende Forscher, auch Schrappe wie Antes haben eine jahrelange Reputation in dieser Disziplin. Wenn wir die

Fachgebiete durch Sportarten ersetzten und Epidemiologie stünde für Fußball, dann stellen Sie sich einmal vor, Sie dürften eine erstklassige Fußballmannschaft zusammenstellen. Sie können dabei aus allen Spielern der Welt auswählen. Auf welche Stürmer setzen Sie: auf Torjäger aus der Kreisliga B oder auf Ronaldo, Messi und Lewandowski?

Die 70 Tage der selbstauslöschenden Kettenreaktion
In Kapitel 6 habe ich Ihnen kurz die Arbeit von Professor Yitzhak Ben-Israel vom April 2020 vorgestellt, die bezüglich Corona den typischen, selbstauslöschenden Verlauf einer Tardivepidemie feststellt. Im Januar veröffentlichte ein anonymer Blogger namens Zack F auf der Informationsplattform *medium.com* eine Fleißarbeit mit der Überschrift „Warum Lockdowns nicht so wirken wie gedacht". Er verglich alle verfügbaren Daten zu den internationalen Covid-19-Verläufen und stellte überall auf der Welt fest, dass Covid in den meisten Ländern zu den Jahreszeiten auftritt, in dem dort normalerweise die Grippewellen auftreten. Dabei bilden sich stets markante Wellen. Diese bauen sich über sechs bis zehn Wochen rasant auf, um dann erstaunlich rasch abzufallen, und zwar unabhängig von den Maßnahmen in den verschiedenen Ländern. Auch Infektionen mit Magen-Darm-Viren (Rota- und Novovirus) verhalten sich ähnlich. Genau dieser zeitliche Verlauf der Corona-Infektion war in Deutschland im Frühjahr und im Winter ebenso der Fall.

Post-Peak-Lockdowns
Dieser 70-Tage-Verlauf erklärt, warum die meisten Lockdowns sogenannte Post-Peak-Lockdowns waren. Sie erfolgten, nachdem die Spitze der Welle bereits vorbei und die Infektion im Abklingen war. Dieser Effekt verstärkt sich noch durch die verspätet gemeldeten Todeszahlen, die den Infektionspeak zeitlich noch früher annehmen lassen. Durch die Platzierung des Lockdowns in das Abklingen der Welle wird ein solcher Lockdown regelmäßig als erfolgreich fehlgedeutet. So feierte die Wissenschaftsvereinigung der Leopoldina im Dezember den irischen Lockdown als Blaupause für Deutschland. Doch dieser Lockdown stellte sich ebenfalls als typischer Post-Peak-Lockdown heraus. Lässt sich diese Erkenntnis nicht mehr vom

Tisch wischen, wird regelmäßig darauf verwiesen, dass schon die Ankündigung des Lockdowns die Bevölkerung angeblich vorher zu einer freiwilligen Selbstbeschränkung motivieren würde. Das mag für kleine Cluster gelten, in denen man direkt eine hohe Ansteckungsrate in seinem Umfeld selbst erlebt. Aber bezogen auf die Gesamtbevölkerung klingen solche Aussagen hochspekulativ, um nicht zu sagen hilflos. In etwa so plausibel, als würden Gäste bei Ankündigung der Sperrstunde das Lokal eine Stunde früher als nötig verlassen.

Übrigens: Die ersten Corona-Infektionen wurden ab November 2019 aus Wuhan vermeldet. Der Lockdown erfolgte im Januar 2020, die Zahlen gingen im Februar herunter. Ich könnte mir gut vorstellen, dass der Infektionsrückgang im Februar nicht dem äußerst konsequenten Lockdown, sondern ebenfalls diesem natürlichen Abfall der Neuansteckungen geschuldet war. Der zeitliche Rahmen würde passen.

Die Hauptzeugen der Anklage

Die Behauptung, 2020 sei in Deutschland ein Jahr mit einer außergewöhnlichen medizinischen Notsituation gewesen, ist angesichts ganzjähriger Krankenhausunterbelegung und einem normalen Sterbegeschehen schlichte Wirklichkeitsverweigerung. Aber wie will man die Behauptung widerlegen, ohne Lockdown wäre eine Katastrophe eingetreten? Sie kennen vielleicht das Beispiel eines Mannes, der laut schreiend auf der Straße steht und wild mit den Armen fuchtelt. Auf die Frage nach dem Warum antwortet er, dass er Elefanten vertreibe. Und da es keine Elefanten in der Straße gibt, gebe der Erfolg ihm recht. Was ist darauf die beste Antwort? Gehen wir doch mal in ein anderes Viertel, wo niemand auf der Straße schreit und wild mit den Armen fuchtelt, und schauen nach, ob wir dort Elefanten finden.

Weltweit entschieden sich die meisten Länder für eher harte Maßnahmen, doch es gab auch Länder und Regionen fast ohne Maßnahmen, die uns einen Blick auf den natürlichen Verlauf der Covid-19-Wellen ermöglichen und als Vergleich dienen.

Teil 2

USA

Zum Beispiel Florida. Dort wurden ab dem 28. September 2020 praktisch alle Restriktionen aufgehoben. Bars, Kinos, Freizeitparks wie Disneyland hatten geöffnet, unter nur mäßigen Hygieneregeln. Sogar Großveranstaltungen wurden genehmigt. Im Ergebnis steht Florida heute besser da als Bundestaaten mit strengen Maßnahmen, wie beispielsweise Kalifornien. Ähnliches gilt für das ebenfalls sehr zurückhaltend agierende Texas, das im März sämtliche Corona-Maßnahmen gestoppt hat. In den Staaten, die kaum Restriktionen veranlassten, ist überall die prophezeite Katastrophe des ungebremsten „exponentiellen" Wachstums ausgeblieben.

Ganz besonders eindrücklich der Vergleich zweier benachbarter Staaten mit ähnlichen Ausgangssituationen, von Bevölkerung bis Klimabedingungen, aber stark unterschiedlichen Corona-Restriktionen: South Dakota (ohne Zwangsmaßnahmen) vs. North Dakota (mittlerer Lockdown mit Maskenpflicht und Gastronomieeinschränkung). Ergebnis: kein Unterschied.

Schweden

Ständig müssen wir lesen, der schwedische Weg sei gescheitert. Im Frühjahr bewegten sich die Todeszahlen im oberen Drittel der europäischen Länder, in dem sich ansonsten durchweg Länder mit strengem Lockdown fanden. Schweden hatte allerdings mit 86 Jahren das höchste Durchschnittstodesalter. Ausgelöst vor allem durch Infektionen in den Pflegeheimen, die in Schweden von besonders kranken und besonders alten Menschen belegt sind. Berücksichtigt man den deutlichen Zuwachs in dieser Altersgruppe in Schweden, dann verlieren auch diese Todeszahlen ihre bedrohliche Außergewöhnlichkeit. Nachdem Schweden den Schutz seiner Pflegeheime verbesserte, lagen die Todeszahlen im unteren EU-Durchschnitt. Und das bei sehr geringen Einschränkungen (Restaurants mit Restriktionen offen, keine Ladenschließungen, Schulen weitgehend offen, Sport weiter möglich, Skigebiete geöffnet, lediglich Maskenempfehlungen in öffentlichen Transportmitteln).

Kroatien
Am 28.12.2020 ereignete sich im Kroatien ein Erdbeben. Das Leben von 100.000 Menschen wurde stark beeinträchtigt, Häuser zerstört, Familien mussten in Notunterkünften untergebracht werden. Daraufhin hatte man dort andere Sorgen als Maskenpflicht oder social distancing. Alle Corona-Maßnahmen stoppten abrupt. Tausende Helfer reisten ein, die Grenzbestimmungen wurden aufgehoben. Entgegen jeglichen Modellannahmen kann man an der epidemiologischen Kurve keinerlei Besonderheit erkennen. Die Zahl der Tests (und damit die relativen Infektionszahlen) wurde übrigens trotz des Erdbebens sogar erhöht, aufgrund der gestiegenen Kontaktfrequenz zu Fremden.

Man könnte noch weitere Beispiele mit immer denselben Rückschlüssen aufzählen. Wenn nun die Regierung oder das RKI selbst heute noch behaupten, der Lockdown habe einen relevanten Nutzen, dann belegen diese Beispiele, dass sie irren. Nirgends schossen Infektionszahlen durch Lockerungen in die Höhe oder wurden durch einen Lockdown relevant eingedämmt. Die Corona-Infektion folgte dem natürlichen Infektionsverlauf einer typischen, sich selbst auslöschenden Kettenreaktion, ganz egal ob mit oder ohne Lockdown.

Grundrechte unter Dauerverdacht
Obwohl sich die Überlastung der Krankenhäuser als Begründung für den Lockdown auch beim besten Willen nicht darstellen ließ, wurde er dennoch einfach weiterverhängt. Zunächst als „Lockdown light" im November. Dann werde Weihnachten normal, so versprach es Bundeskanzlerin Angela Merkel. Als Jens Spahn den „Wellenbrecher-Lockdown" ankündigte, war von Weihnachten keine Rede mehr. Als vorhersehbar der Nutzen fehlte, erscholl der Ruf nach einem „Blitzlockdown", gefolgt vom „Knallhart-Lockdown" des SPD-Gesundheitsexperten Prof. Karl Lauterbach. Armin Laschet hoffte auf den „End-Lockdown" und im April 2021 auf den „Brücken-Lockdown". Und weil die Bundesbürger so unvernünftig waren, forderte Markus Söder schließlich den „Komplett-Lockdown".

Eine nachvollziehbare Begründung brauchte es plötzlich nicht mehr. Die Beweislast wurde umgekehrt: Nicht mehr die Einschränkung von

Grundrechten musste plausibel begründet werden, sondern die Grundrechte selbst mussten beweisen, keine Gesundheitsgefährdung darzustellen. Doch gegen die unsystematische Nationale Teststrategie des RKI haben Grundrechte keine Chance. Das Steigern der Testzahlen bei Gesunden lässt jede Inzidenz willkürlich herbeitesten.

Inzidenzen, die nichts wert sind, aber Grundrechte zur Verfügungsmasse von spekulativen Krankheitsrisiken degradieren. Regierungssprecher Steffen Seibert bewertete in der Bundespressekonferenz am 22.2.2021 den „Anstieg" der Inzidenz von 56 auf 60 wie folgt: *„Lockerungen, die man wieder zurücknehmen muss und auf die Schließungen folgen, kann niemand wollen."* Seibert orakelte weiter über deutlich ansteckendere Mutationen, die man im Kopf haben müsse, bevor man ... Wenn die Argumente ausgehen, dann sind Mutationen geradezu ideal, um zukünftige Gefahren ohne Nachweise zu beschwören. Keiner sieht sie, es klingt gefährlich und überhaupt exponentiell ... Sie wissen schon: Millionen Tote! Es ist wie in einem Zug, der einmal falsch abgebogen ist und aus dem keiner mehr aussteigen kann.

No risk, no fun – aber mit Köpfchen

Ein Wort zu den Mutationen. Viren mutieren, das ist das Normalste der Welt. Mitte Dezember 2020 wurde die Anzahl der Mutationen des SARS-CoV-2 schon auf über 4000 geschätzt. Die menschlichen Immunsysteme reagieren darauf mit einer immer besseren Kreuzimmunität. So stellte sich die dramatische Warnung vor der angeblich so tödlichen „britischen Mutante" B.1.1.7 aus dem Munde der Kanzlerin wie zu erwarten als pure Panikmache heraus. Dass sich eine neue Mutation zur Killerseuche entwickelt, ist theoretisch immer möglich, aber unwahrscheinlich. Genauso wahrscheinlich könnte, und sagen Sie dies bitte nicht Herrn Lauterbach, demnächst ein Meteorit einen Kontinent auslöschen oder ein Vulkanausbruch das Erdklima um 10 Grad abkühlen oder sich der Golfstrom umkehren, das Erdmagnetfeld zusammenbrechen und wir von radioaktiven Sonnenwinden verstrahlt werden et cetera. Leben bedeutet, Risiken ausgesetzt zu sein. Wer sie vermeiden möchte, muss sich zu Hause einschließen, um dann von einem Kronleuchter erschlagen zu werden.

Mensch sein bedeutet, sich von Risiken nicht die Lebensfreude verderben zu lassen. Vernünftig sein bedeutet, die Höhe des Risikos realistisch einzuschätzen. Inwieweit wir uns dann von Risiken beeindrucken lassen, sollte von der Wahrscheinlichkeit bestimmt werden, mit der sie eintreten könnten und nicht davon, wie oft sie als Sensationswarnungen in den Schlagzeilen oder in den nebulösen Mitteilungen eines überforderten Regierungssprechers auftauchen.

Es gibt zwei Seiten der Medaille
Doch vernunftbasierte, risikokompetente Entscheidungen sind die Sache der Regierung nicht. Am 22.3.2021 schränkte die in der Verfassung nicht vorgesehene Ministerpräsidentenkonferenz zum wiederholten Mal die im Grundgesetz garantierten Freiheitsrechte weiter massiv ein. Alles im Stil eines selbstermächtigten Notfalltribunals, das gegenüber der Wirklichkeit zunehmend blind und taub ist. Schon wieder wird von der Überlastung der Krankenhäuser fantasiert und mit Apokalypse gedroht. Es scheint der Bundeskanzlerin und den Ministerpräsidenten völlig gleich zu sein, dass der Nutzen ihres Handelns schon längst widerlegt ist. Und wir haben erst über die eine Seite der Medaille geredet. Reden wir nun über die Dimension des Schadens, den die Corona-Politik der Regierung anrichtet. Und für den sich die Regierenden nie ernsthaft interessiert haben. Klingt unglaublich? Seien Sie gespannt auf das nächste Kapitel.

Teil 2

Kapitel 12
Lockdown – der Schaden

In der Einleitung habe ich auf die wichtigste ärztliche Grundregel hingewiesen: Eine Therapie darf nicht mehr schaden als die Krankheit selbst. Der Lockdown fungiert als Therapie gegen die Corona-Pandemie. Bevor man ihn beginnt, sollte man deshalb die möglichen Kollateralschäden eingeschätzt haben. Im Bundesinnenministerium (BMI) ist die Abteilung KM (Krisenmanagement) auf die Einschätzung solcher potentiellen Gefahren spezialisiert. Doch niemand aus dieser Abteilung wurde tätig, es war sogar unerwünscht. Niemand – bis auf einen einzigen Beamten, der sich unbeirrt an seine eigentlichen Pflichten erinnerte. Dazu erzähle ich Ihnen jetzt eine unglaubliche Geschichte. Eine Geschichte, die sich nachträglich mit dem Wissen um die Vorgänge bei der Entstehung des BMI-„Geheimpapiers" erst richtig einordnen lässt.

Nachholbedarf

Es begann im April 2020 mit einer ungewöhnlichen Nachricht auf meinem Anrufbeantworter. Ein Mitarbeiter des BMI bat um Rückruf. Er sei wegen meiner Corona-Berichte auf mich aufmerksam geworden. Der Mitarbeiter hieß Stephan Kohn und in dem folgenden langen Gespräch bat er mich, ihn bei der Erstellung einer Schadensanalyse des aktuellen Lockdowns (März–April 2020) zu unterstützen. Ich fragte ihn daraufhin, ob denn eine solche Analyse nicht schon längst vom Ministerium erstellt worden sei. Die unfassbare Antwort: leider nein. Aber er wolle dies nun nachholen, sei aufgrund seiner Position auch autorisiert, Expertise von externen Fachleuten anzufragen.

Ich erbat mir Bedenkzeit, denn ich wollte erst die Identität überprüfen. Doch schnell war klar, es handelte sich tatsächlich um den Oberregierungsrat Stephan Kohn aus der Katastrophenschutzabteilung des „Bundesministeriums des Innern, für Bau und Heimat" und dort tätig im Referat KM 4, zuständig für den „Schutz Kritischer Infrastrukturen". Er selbst war zehn Jahre zuvor in der Öffentlichkeit in Erscheinung getreten, als der *SPIEGEL* und die *ZEIT* lobend darüber berichteten, wie er maßgeblich an der Aufdeckung eines Missbrauchsskandals der evangelischen Kirche beteiligt war. Zusammen mit neun weiteren Experten, darunter Praktiker und Forscher, universitäre Institutsleiter, Public-Health-Experten, Soziologen, Immunologen, Palliativspezialisten und wissenschaftlich versierte Hausärzte, erklärte ich mich gerne bereit, an dem medizinischen Teil dieser Analyse mitzuwirken. Hochmotiviert gelang es innerhalb weniger Tage, eine erste Einschätzung der medizinischen Folgeschäden des Lockdowns zu erstellen.

Die beteiligten Experten, die in ihrer Freizeit an dieser Analyse mitwirkten, verstanden diese Arbeit immer als Auftakt eines viel ausführlicheren Prozesses, um die Aussagen belastbarer gestalten zu können. Zusammen mit der Analyse weiterer nichtmedizinischer Schadensbereiche, von der Trinkwasser- bis zur Energiesicherung, erstellte Stephan Kohn den 182-seitigen *„Auswertungsbericht des Referats KM 4 (BMI) – Coronakrise 2020 aus Sicht des Schutzes Kritischer Infrastrukturen. Auswertung der bisherigen Bewältigungsstrategie und Handlungsempfehlungen."* Nach vergeblichen Versuchen, mit Vorgesetzten über seine alarmierende und umfangreiche Analyse zu sprechen, versandte der Beamte seinen Bericht am 8. Mai über den internen Dienstweg an den Krisenstab und alle fachlichen Arbeitskreise auf Bundesebene (in allen Ressorts) sowie auf Länderebene (alle Bundesländer).

In seiner Analyse wies er eindringlich auf schwerwiegende Defizite und handwerkliche Fehler des Corona-Krisenmanagements hin. Im Ergebnis sah er die Verhältnismäßigkeit von Eingriffen etwa in Bürgerrechte bereits Anfang Mai 2020 als nicht gegeben an, da staatlicherseits keine angemessene Abwägung mit den Folgen durchgeführt wurde. Dieser Befund wird mit einer Fülle an detaillierten Belegen untermauert.

In den Schlussfolgerungen heißt es unter anderem: Die Lageberichte des Krisenstabs BMI-BMG und die Lagemitteilungen des Bundes an die Länder müssten daher ab sofort
- eine angemessene Gefahrenanalyse und -bewertung vornehmen
- eine zusätzliche Abteilung mit aussagekräftigen Daten über Kollateralschäden enthalten

Anderenfalls könnte der Staat für entstandene Schäden haftbar gemacht werden.

Sie können diesen Bericht im Corona-Dossier bei *Achgut.com* aufrufen – aber auch Wikipedia hat in dem Eintrag über Stephan Kohn darauf verlinkt. Es folgen die wichtigsten Inhalte bezogen auf die medizinischen Schäden (sehr stark verkürzt).

Gesundheitliche Folgeschäden der Schutzmaßnahmen

- Bis zu 2,5 Mio. Patienten wurden in März und April 2020 nicht operiert, obwohl dies nötig gewesen wäre. Die voraussichtliche Sterberate lässt sich nicht seriös einschätzen; Vermutungen von Experten gehen von Zahlen zwischen unter 5000 und bis zu 125.000 Patienten aus, die aufgrund der verschobenen OPs versterben werden / schon verstarben.
- Abgesagte Folgebehandlungen von (zum Beispiel an Krebs, Schlaganfall oder Herzinfarkt) Erkrankten: Eine Prognose dieses Effekts ist schwierig. Experten, die sich dazu äußerten, gingen von bis zu mehreren tausend zusätzlichen Toten aus, die bereits in März und April 2020 verstarben oder noch versterben werden.
- Zusätzliche Todesfälle durch Herzinfarkt und Schlaganfall, die durch die Fixierung auf Corona zu spät erkannt und behandelt wurden. In Konsequenz suchen derzeit viele Betroffene nicht / zu spät den Arzt auf, was zu ernsteren Verläufen, schwierigerer Rehabilitation und erhöhter Sterblichkeit führt.
- Die erzwungene Niveauabsenkung der Versorgungsqualität in Pflegeeinrichtungen, bei ambulanten Pflegediensten sowie bei privat / innerfamiliär durchgeführter Pflege wird im März und April 2020 vorzeitige Todesfälle ausgelöst haben. Bei 3,5 Mio. Pflegebedürftigen würde eine zusätzliche Todesrate von 0,1 Prozent zusätzliche 3500 Tote ausmachen – mehr oder weniger.
- Zunahme von Suiziden (bisher ca. 9000 pro Jahr) ist zu erwarten wegen psychischer Probleme der Isolation und wirtschaftlicher Existenznöte.

- Zunahme behandlungsbedürftiger Psychosen und Neurosen (Ängste, Zwangsstörungen), die sich aufgrund von lange andauernder, erheblicher Beeinträchtigung aller Lebensbedingungen manifestieren.
- Zunahme von Streitigkeiten und Körperverletzungen infolge von starken Kontaktbegrenzungen und Kontaktverboten; häusliche Gewalt, Kindesmissbrauch.
- Der größte Schaden liegt in einem zu erwartenden Verlust an Lebenserwartung, abhängig von der wirtschaftlichen / volkswirtschaftlichen Entwicklung. Seit den 1950er-Jahren hat Deutschland aufgrund positiver volkswirtschaftlicher Entwicklung eine starke Erhöhung der Lebenserwartung realisiert (um 13 bis 14 Jahre längere durchschnittliche Lebenszeit). Das permanent gestiegene Wohlstandsniveau ermöglichte unter anderem zunehmend aufwendige Gesundheitsvorsorge und Pflege. Bei stark negativer wirtschaftlicher Entwicklung und einer entsprechenden Reduktion des Wohlstandsniveaus geht die Entwicklung in die entgegengesetzte Richtung: Die Lebenserwartung wird sinken. (Das RKI hat nachgewiesen, dass hohe Arbeitslosigkeit die Lebenserwartung senkt.) Bei über 80 Mio. Einwohnern kann durch staatliche Schutzmaßnahmen (nicht durch das Virus) ein entsprechend hohes Volumen an Lebensjahren der Bevölkerung vernichtet worden sein.

Diese Einschätzung deckt sich mit der Publikation vom 7.10.2020 aus der Stanford University unter Federführung von Prof. Ioannidis, die von der WHO offiziell auf deren Homepage gutgeheißen und verbreitet wurde.

Von der Wirklichkeit bestätigt
Diese Einschätzung wurde von der Wirklichkeit bestätigt. Laut einer Forschungsarbeit des National Institute for Health Research (NIHR) der Universität Birmingham wurden im Rahmen des ersten Lockdowns weltweit 28,4 Millionen Operationen abgesagt oder verschoben. Fast eine Million davon in Deutschland. Viele der rätselhaften Todesfälle, die in den Hotspots nicht Corona zugerechnet werden können, könnten sich als Folge verschobener oder abgesagter Behandlungen erweisen.

Die Moderatorin Marlene Lufen hat im Februar ein gut recherchiertes Video aufgenommen, welches über 10 Millionen Mal angeschaut wurde. In ihrem Begleittext heißt es:
- 23 Prozent mehr Fälle von Gewalt an Kindern in der Gewaltambulanz der Charité im ersten Halbjahr 2020.
- 600.000 Kinder erleben zu Hause Schläge, Stöße und Schlimmeres. Das sind 6,5 Prozent der Kinder in Deutschland.
- 461.000 Kinder haben im Jahr 2020 die „Nummer gegen Kummer" gewählt. Allein die Online-Beratung hatte einen Zuwachs von 31 Prozent zum Vorjahr. Diese 31 Prozent entsprechen 10.428 Kontaktaufnahmen durch Kinder und Jugendliche in Not mehr als sonst.
- Die „Jugend-Notmail" und die „Online-Jugend- und Elternberatung" verzeichnen Steigerungen seit März 2020 um zeitweise 50 %.
- 2,6 Millionen Kinder leben – auch ohne Corona – mit suchtkranken Eltern unter einem Dach.
- Das „Hilfetelefon Gewalt gegen Frauen" verzeichnet seit April 2020 einen sprunghaften Anstieg an Beratungen von 15–20 %.
- 67 % der Jugendlichen zwischen 18 und 24 fühlen sich zurzeit überdurchschnittlich psychisch belastet.
- Seit Herbst gibt es 10–20 % mehr Anfragen nach Therapieplätzen.
- In 50 % der Haushalte leben Menschen allein.
- 74 % der an Depressionen Erkrankten geben in einer Befragung an, durch den Lockdown extrem belastet zu sein.

Minister Seehofers taube Ohren

In seiner Ausarbeitung rechtfertigte der Beamte seinen Alleingang. Er belegte durch E-Mails, dass er sich mehrmals an seine Vorgesetzten wandte, um auf die fehlende Analyse der Gefahren aufmerksam zu machen. Auch seinen Minister, Horst Seehofer, wies er im April 2020 mit einem umfangreichen Bericht darauf hin. Stets wurde er abgewiesen, obwohl Seehofer zu Beginn seiner Amtszeit seine Mitarbeiter mehrfach aufgefordert hatte, Eigeninitiative zu zeigen und sich bei fachlich fundierter Kritik ohne Angst an ihn zu wenden. Doch stattdessen gab man Kohn über Umwege sogar zu verstehen, es wäre besser für ihn, die Finger von der Sache zu

lassen. Er führte in seinen Schlussbemerkungen zwei bedeutende Gründe auf, warum er seine Analyse dennoch im Alleingang am 8. Mai 2020 an alle übergeordneten Krisenstäbe weiterleitete:
- Gefahr in Verzug. Das Agieren des Corona-Krisenmanagements löst Todesfälle aus. Diese können nur vermindert werden, wenn das vorhandene Wissen weitergegeben und zur Kenntnis genommen wird. Alle Möglichkeiten vorgelagerter Intervention wurden vom Absender ausgeschöpft.
- Das aktuelle Vorgehen mindert die Akzeptanz und Glaubwürdigkeit von Regierungsparteien und Regierungsmitgliedern. Aus derartigen Wahrnehmungen, die nicht per se irrational sind, kann in einem auf Zusammenhalt angelegten Gemeinwesen eine ungünstige Dynamik erwachsen, die vor allem mit rationalen Folgeentscheidungen durch Krisenmanagement und Politik – auf der Basis vollständiger Analysen – gut begrenzt werden kann.

Alle Analysen und Befürchtungen, die Stephan Kohn in diesem Papier erarbeitet hat, sind plausibel und zeigen alarmierenden Handlungsbedarf an. Die Gefahrenpotentiale sind in vielen Bereichen schon im März 2020 gut erkennbar eingetreten. Umso dringender hätten nun alle Krisenstäbe auf Länder- und Bundesebene aufgrund dieser Analyse die vorliegenden Informationsdefizite erkennen müssen. Um die drohenden Gefahren für die Bevölkerung abzuwenden, hätten sie sofort die Bundesministerien für Gesundheit und des Innern anmahnen müssen, endlich auch die Kollateralschäden zu ermitteln. Niemand hätte es übrigens für überflüssig erachtet, wären die Landesregierungen diesbezüglich selbst tätig geworden. Auch politischen Oppositionsparteien hätte dies gut zu Gesicht gestanden. Doch statt dass dieser wohlplatzierte Ball aufgenommen wurde, folgte ein echtes Schmierentheater.

Ein Stück aus dem Tollhaus

Nur wenige Stunden nachdem Stephan Kohn Krisenstäbe und die Landesministerien über seine Analyse informierte, bekam ich eine E-Mail aus dem Bundesministerium des Innern:

Sehr geehrte Damen und Herren,
ich möchte Sie darauf hinweisen, dass es sich vorliegend um ein von einem einzelnen Mitarbeiter verfasstes Papier handelt. Der Mitarbeiter war weder am Krisenstab beteiligt, noch beauftragt oder autorisiert, eine solche Analyse zu erstellen oder zu veröffentlichen. Sie gibt seine private Auffassung wieder, nicht die des Bundesministeriums des Innern, für Bau und Heimat.
Mit freundlichen Grüßen
Im Auftrag
H., Gemeinsamer Krisenstab des BMI/BMG, Stabsbereich 4

Diese E-Mail ging an alle neun beteiligten Experten und alle reagierten umgehend auf die gleiche Weise: Sie baten dringend darum, ungeachtet der Frage, ob eine offizielle Berechtigung vorliegt oder nicht, sich angesichts der Brisanz der Situation inhaltlich mit dem Papier zu befassen.

Sonderschicht zu Muttertag

Einen Tag später, es war Samstag, machte das Internetmagazin *Tichys Einblick* die Analyse von Stephan Kohn öffentlich. Auf welchem Weg sie dorthin gelangte, ist unklar; es lag ab Freitag in den E-Mail-Eingängen sämtlicher Krisenstäbe auf Bundes- und Länderebene. Man wurde nervös. Ich weiß aus sicherer Quelle, dass von höchster Ebene des BMI Chefredakteure angerufen wurden, um Stephan Kohn als Psychopathen zu diskreditieren. In den Redaktionen entbrannten hitzige Diskussionen, wie mit dem Papier umzugehen sei. Das BMI legte eine Sonntagsschicht ein, um am 10. Mai 2020 eine Presseerklärung herauszugeben, unter der Überschrift: *„Mitarbeiter des BMI verbreitet Privatmeinung zum Corona-Krisenmanagement. Ausarbeitung erfolgte außerhalb der Zuständigkeit sowie ohne Auftrag und Autorisierung"*. Diese Pressemitteilung nimmt keinerlei Bezug zum alarmierenden Inhalt. Sie fokussierte ausschließlich auf diesen Punkt: *„Es ist nicht akzeptabel und mit den allgemeinen Pflichten im öffentlichen Dienst nicht vereinbar, wenn private Meinungsäußerungen und Gedankensammlungen unter Verwendung behördlicher Symbole, zum Beispiel: dem offiziellen Briefkopf, verfasst und der Öffentlichkeit zugänglich gemacht werden."*

Noch am gleichen Abend wurde in den ARD- und ZDF-Nachrichten diese Vorgabe des BMI unkritisch übernommen. Stephan Kohn wurde als Wirrkopf dargestellt, Inhalte wurden verschwiegen. Der größte Skandal des Vorgangs bestehe darin, dass ein Mitarbeiter unerlaubt den Briefkopf des Ministeriums verwendet habe. Eingebettet wurde diese Meldung in andere Berichte über mutmaßlich rechte „Coronaleugner". Das nennt man wohl zu neudeutsch Framing.

Am 11. Mai reagierten wir, die beteiligten externen Experten, mit einer gemeinsamen Pressemitteilung. Wir gaben unserer Verwunderung Ausdruck, dass das zuständige Bundesministerium eine derart wichtige Einschätzung auf dem Boden umfassender fachlicher Expertise ignorieren wolle. Aufgrund des Ernstes der Lage müsse es doch darum gehen, sich mit den vorliegenden Sachargumenten auseinanderzusetzen – unabhängig von der Entstehungsgeschichte. Die Pressemitteilung endete so:

„Wir in Wissenschaft und Praxis sowie sehr viele Kolleginnen und Kollegen erleben täglich die Folgeschäden der Corona-Schutzmaßnahmen an unseren Patienten. Wir fordern deshalb das Bundesministerium des Innern auf, zu unserer Pressemitteilung Stellung zu nehmen und hoffen auf eine sachdienliche Diskussion, die hinsichtlich der Maßnahmen zur bestmöglichen Lösung für die gesamte Bevölkerung führt."

Im Anschluss führte ich zahlreiche Telefonate mit Journalisten, die sich jedoch nicht für die alarmierenden Inhalte interessierten, sondern nur für die Entstehungsgeschichte. Die gesamte etablierte Presse schonte das BMI und ignorierte seine unfassbaren Versäumnisse. Stattdessen rückten sie Stephan Kohn als vermeintlichen Wichtigtuer sowie die beteiligten Experten als Naivlinge in ein schlechtes Licht. Mit einer Ausnahme: Nur *BILD* wagte es, auf die gefährlichen Versäumnisse hinzuweisen. Am 13. Mai 2020 titelte sie *„Mehr Tote durch Corona-Regeln"* und stellte Inhalte der Analyse prominent der Bevölkerung vor.

Nachspiel im Bundestag

Im Rahmen einer Regierungsbefragung im deutschen Bundestag am 13.5.2020 wurde Bundeskanzlerin Angela Merkel von einem AfD-Abgeordneten (es hätte der FDP gut angestanden) zu ihrer Bewertung von Kohns

Schadensanalyse befragt. Speziell zu unserer Arbeit bezüglich der medizinischen Folgeschäden. Sie antwortete folgendermaßen:
„Sie wissen ja sicherlich, dass die Regierung die Einschätzung, die in diesem Papier geäußert wurde, nicht teilt. Und dass wir zu anderen Bewertungen gekommen sind."

Während der Zuarbeit für Kohns Analyse fiel uns Experten die Knappheit an belastbaren Zahlen und Quellen auf. Deshalb interessierte ich mich brennend dafür, auf welcher Grundlage die Regierung zu einer anderen Bewertung der Kollateralschäden gekommen war. Vielleicht hatten wir ja etwas Wichtiges übersehen oder keinen Zugang dazu. Deshalb schrieb ich an die Bundeskanzlerin direkt, mit der Bitte, mir die Quellen ihrer Einschätzung zukommen zu lassen, ganz im Sinne eines guten wissenschaftlichen Austausches. Da ich inzwischen davon ausgehen musste, dass eine solche Einschätzung niemals erfolgte, war ich auch nicht überrascht, auf diesen Brief keine Antwort zu erhalten.

Ministeriale Bombenentschärfung
All dies veranlasste Horst Seehofer, sich am 13. Mai 2020 in Sandra Maischbergers Talkshow höchstpersönlich als Sprengstoffentschärfer zu betätigen. Die Moderatorin stellte halbherzig ein paar kritische Fragen und ließ es dem Minister durchgehen, diese Fragen wegzulächeln und Stephan Kohn als Hochstapler darzustellen. Kein Nachhaken, wie man sich die Ermittlung möglicher Folgeschäden des Lockdowns denn nun genau vorstellen müsse. Oder wie sie denn im Ministerium genau erfolgt sei und wo man die Ergebnisse nachlesen könne.

Spielverderber
Die Vehemenz, mit der höchste Stellen den Autor dieser wichtigen Schadensanalyse diskreditierten, um von den Inhalten abzulenken, verwunderte mich zunächst. Angesichts der Vorgänge um das vorangegangene „Geheimpapier" aus dem BMI, das gezielt zur Panikverbreitung am 18. März 2020 medial verbreitet wurde, macht sie allerdings Sinn. Wäre die Arbeit von Stephan Kohn angesichts ihrer fundamentalen Bedeutung angemessen von den Medien aufgegriffen worden, dann hätte sie die Akzep-

tanz eines Lockdowns in der Bevölkerung massiv gefährdet. Es wäre überdeutlich geworden, dass die seit März 2020 beschlossene Panikstrategie zu keinem Zeitpunkt auf einem seriösen, wissenschaftlichen Abwägungsprozess fußte. Lediglich auf einer fragwürdigen Zuarbeit staatsnaher Ökonomen, Gesellschaftsforscher und China-Fans, die willfährig die bestellten Textbausteine für die Panikverbreitung lieferten. Die Arbeit von Stephan Kohn hatte das Potential, die Menschen aus ihrer Angst aufwachen zu lassen, um die immensen Kollateralschäden ins Verhältnis zu den realen Corona-Krankheitsrisiken zu setzen. Sie hätten besser erkannt, dass Covid eine schwere Erkrankung ist, aber keine Epidemie nationaler Tragweite, während die Kollateralschäden das reale Potential besitzen, einen grundlegenden Schaden in der Gesellschaft zu verursachen. Deshalb galt es, eine breite öffentliche Diskussion über ein Regierungs-Krisenmanagement, das keinerlei Interesse an den Kollateralschäden zeigt, mit allen Mitteln zu verhindern. Leider erfolgreich.

Familien, Schulen, Kleinunternehmer ...

Ein Wort zu den Schulschließungen. Stellen Sie sich vor: eine Familie mit zwei Kindern in einem großen Haus und einem schönen Garten. Die Eltern haben gut bezahlte Jobs, die sich auch im Homeoffice weiterführen lassen. Die Online-Meetings ersparen das lästige Reisen. Im Lockdown hat man endlich mal Zeit für den Garten und die Renovierung der Terrasse. Die Kinder haben eigene Zimmer und sind in Sachen PC oder Mac auf dem neuesten Stand. Online-Unterricht scheitert daran nicht. Irgendwie genießt man es, endlich mal Zeit füreinander zu haben, und kennt inzwischen alle Netflix-Serien. Dabei fühlt man sich solidarisch, denn man „kämpft" gegen überfüllte Intensivabteilungen und unterstützt die Gastronomie durch regelmäßige Essensbestellungen.

Und jetzt stellen Sie sich mal folgende Familie vor: enge Dreizimmerwohnung, drei Kinder, keine Privatsphäre. Die Kinder haben Smartphones, aber der eine PC ist immer durch andere belegt. Eltern haben schlecht bezahlte Jobs oder sind arbeitslos. Die Kinder haben keine Gelegenheit, Freunde zu treffen und ihren Bewegungsdrang auszuleben. Die tägliche Enge mündet in einem erhöhten Aggressionslevel. Bei manchen kommen

Alkohol- und Drogenprobleme dazu. Selbst gekocht wird selten, das knappe Geld reicht gerade noch für McBurger und Co. Das ist die reale Lockdown-Hölle für Millionen Bundesbürger.

Schulen können das nicht kompensieren. Sie müssen im Lockdown Unmögliches leisten. Ständige Änderungen der Hygienekonzepte, nur Online-Unterricht, dann Gemischt-Hybrid, aber nur für Jahrgangsstufe oder auch nicht, ständige Bedrohung durch Quarantäneausfälle. Lehrer versuchen ihr Bestes und ganz sicher führte der Lockdown auch zu einem digitalen Entwicklungsschub, wenn auch als Sturzgeburt. Doch de facto ist dieses Schuljahr weitgehend verloren. Den eigentlichen Preis aber zahlen Kinder aus prekären Verhältnissen, mit Verwahrlosung, Bildungsverlust und erhöhtem Gewalterleben.

Der Lockdown ist die sozial ungerechteste Maßnahme seit Bestehen der Bundesrepublik Deutschland. Die Liste könnte nun seitenweise fortgeführt werden, vereinsamte alleinlebende Rentner, pleitegehende Kleinunternehmer, Zunahme der Arbeitslosigkeit, Künstler, die reihenweise in Hartz IV rutschen, sterbende Innenstädte und vieles mehr. In einem Interview mit der *Frankfurter Allgemeinen Zeitung* sagte Bundeswirtschaftsminister Peter Altmaier zu Beginn der Krise: *„Wir handeln als Staat, damit wegen der Corona-Pandemie kein Unternehmen insolvent werden und kein Arbeitsplatz entfallen muss."* Regierungspolitiker und prominente Lockdown-Befürworter sind finanziell gut abgesichert durch hohe Gehälter und Pensionen. Es sei ihnen gegönnt. Aber dies berechtigt sie nicht dazu, Chaos und Leid zu ignorieren, das sie beim Rest der Bevölkerung anrichten.

Halten wir fest

Die Schäden des Lockdowns sind massiv und gefährden zusätzlich die Gesundheit der Bevölkerung weit mehr als die Epidemie selbst. Eine angemessene Abwägung dieser Kollateralschäden fand innerhalb des Regierungs-Krisenmanagements nicht statt. Auch auf hartnäckiges Nachfragen hin ist die Regierung bis heute nicht in der Lage, einen geordneten Prozess bezüglich einer Nutzen-Schaden-Analyse zu belegen, geschweige denn ein diesbezügliches Protokoll mit Quellennennung vorzulegen.

Nichts außer anekdotischen Hinweisen auf Experten und Berichte. Jeder Großveranstaltung, vom Konzert bis zum Stadtfest, würde aufgrund solchen Handelns die Genehmigung verweigert werden. Was soll man eigentlich vom Verantwortungsverständnis der Bundeskanzlerin halten, wenn sie im Rahmen der ARD-Sendung „Bürgerdialog" auf die von einer Mutter unter Tränen geschilderten Lockdown-Probleme antwortet: *„Darauf, dass das ganze Land so betroffen ist, waren wir natürlich nicht ausreichend vorbereitet".*

Die Vorgänge um das BMI-„Geheimpapier" belegen weiter, dass sich die Regierung ab Anfang März 2020 von einer weltweit geschürten Hysterie unkritisch hat anstecken lassen und auf ein Worst-Case-Szenario festgelegt hatte. Sie berief sich dabei auf Wissenschaftler mit fragwürdiger Qualifizierung, die bereitwillig dem Auftrag nachkamen, innerhalb weniger Tage angsteinflößende Szenarien zu liefern. Bis heute vertraut die Regierung ausschließlich auf Experten, die, größtenteils medizinpraxisfremd, auf den schlimmsten theoretisch denkbaren Pandemiefall mit Millionen Toten setzen. Sehr viele fachlich qualifizierte Wissenschaftler und ärztliche Praktiker wiesen dagegen mit belastbaren Argumenten sehr früh auf die Realitätsferne dieser Annahme hin. Sie wurden konsequent vom Meinungsbildungsprozess der Regierung ferngehalten.

Mehr noch: Der Vorgang um den Beamten Stephan Kohn belegt zudem, dass die Regierung alle internen Bemühungen der Ministerialbürokratie, die Kollateralschäden objektiv und systematisch einzuschätzen, aktiv abblockte. Bis heute kämpft der Beamte gerichtlich gegen seine Kündigung und den Entzug des Beamtenstatus – und die gesamte Bevölkerung mit den sich abzeichnenden katastrophalen Folgen dieses Regierungshandelns. Ich würde gerne etwas anderes, weniger Drastisches dazu schreiben, aber es wäre nicht angemessen angesichts dieser Absage an jegliche Verantwortung und Vernunft.

Weltweite Folgen

Den afrikanischen Regierungen wurde empfohlen, so wie westliche Länder in den Lockdown zu gehen. Bei einem Altersdurchschnitt von 19 Jahren und einer durchschnittlichen Lebenserwartung von 58 Jahren ist die prophezeite Katastrophe selbstverständlich ausgeblieben. Jedenfalls in Bezug auf Covid-19. Dafür führen die sinnlosen Maßnahmen aufgrund der Fokussierung auf Covid zu hunderttausenden vermeidbaren Todesfällen aufgrund von Malaria, Tuberkulose, AIDS vor allem bei Kindern und jungen Menschen, wie die WHO anlässlich des Welt-Tuberkulosetages aktuell nochmals bestätigte.

Aber auch die westlichen Lockdowns selbst verschlimmern die Situation. Viele weltweite Zulieferungsbetriebe müssen Menschen entlassen, die nicht durch Sozialsysteme aufgefangen werden. Dr. David Nabarro ist Arzt und einer von sechs Sonderberichterstattern der WHO, die anlässlich der SARS-CoV-2-Pandemie ernannt wurden. In einem TV-Interview warnte er vor einem starken Anstieg der Armut infolge der Anti-Virus-Maßnahmen. Weltweit könne die Armut rasant zunehmen, so der Mediziner. Insbesondere die Unterernährung von Kindern werde sich verdoppeln wegen ausfallender Schulmahlzeiten: *„Das ist eine schreckliche weltweite Katastrophe. Deshalb appellieren wir an alle Regierungschefs: Hört auf damit, Lockdowns als Hauptmittel einzusetzen, um das Virus zu kontrollieren. Entwickelt ein besseres System, um dies zu tun. Arbeitet zusammen und lernt voneinander."* Weiter sagte der Mediziner: *„Denken Sie daran, Lockdowns haben vor allem eine Folge, die man nie unterschätzen darf: Sie machen die Armen noch ärmer!"* Die Welternährungsorganisation FAO schätzt, dass die Corona-Folgen allein in den Netto-Nahrungsmittelimportländern bei bis zu 80 Millionen Menschen zusätzlich zu Unterernährung führen könnten. Allerdings trägt dafür die WHO selbst eine Mitverantwortung, weil sie sich zu Anfang der Pandemie tatkräftig an der Panikkampagne beteiligte, die die Länder in den Lockdown trieb.

Die Hilfsorganisation „Save the Children" geht davon aus, dass aufgrund der wirtschaftlichen Corona-Auswirkungen weltweit fast eine halbe Million minderjährige Mädchen in Gefahr sind, verheiratet zu werden – die meisten auch hier in Afrika und Asien. Die Vereinten Nationen schätzen, dass als Folge der Pandemie 13 Millionen Mädchen unter 18 zwangsverheiratet werden. Afrika und Asien werden nicht aufgrund der Infektion, sondern aufgrund der Schutzmaßnahmen im Kampf für bessere Lebensbedingungen um Jahre zurückgeworfen.

Herzlosigkeit, die fassungslos macht

Die Kollateralschäden eines Lockdowns sind riesig. Ganz gleich, mit welchem Nutzen bei der Infektionseindämmung durch einen Lockdown argumentiert wird, niemals wird dieser spekulative und höchst fragwürdige Nutzen dessen realen Schaden rechtfertigen können. Die Verschlechterung der gesundheitlichen Versorgung, sowohl akut aber besonders auch langfristig, die massive psychologische Belastung der Bevölkerung sowie die verheerenden Auswirkungen auf viele Branchen bedingen sich dabei gegenseitig. Das alles war leicht erkennbar, wie die frühe Schadensanalyse von Stephan Kohn belegt. Obwohl der Lockdown in Deutschland erwartbar zur größten gesellschaftlichen Verwerfung seit dem Zweiten Weltkrieg führt, hat sich die Bundesregierung nie ernsthaft mit den Schäden ihres Handelns befasst. Auch die etablierten Medien interessierten sich 2020 nicht für dieses unfassbare Versäumnis. Angesichts des Leids, das der Lockdown besonders den sozial Schwächeren in Deutschland beschert und des millionenfachen Hungers, den er in den Ländern Afrikas auslöst, kann man nur den Kopf schütteln über dieses herzlose Desinteresse der Verantwortlichen in Politik und Medien.

Teil 2

Kapitel 13
Das Pflegedrama

Nun möchte ich Ihnen die wichtigste Maßnahme vorstellen, die notwendig ist, eine virale Atemwegsepidemie gut zu meistern. Doch ausgerechnet sie wurde unterlassen. Und das seit Jahren. Auf YouTube finden sie ein kleines Video vom September 2017. Es zeigt eine Szene der ARD-Wahlarena, in der Bürger Fragen an Bundeskanzlerin Angela Merkel richten konnten. Es ist ein Zeitdokument, das verdeutlicht, worin das eigentliche, medizinische Problem der Corona-Krise besteht. (Sie können das Video aufrufen, indem Sie bei YouTube diese Suchbegriffe eingeben: ARD Wahlarena Merkel Pflege.)

Sie sehen darin, wie ein Krankenpflegeschüler in bewundernswert unaufgeregter Art der Bundeskanzlerin die Frage stellte, was sie gegen den immer dramatischeren Mangel an Pflegekräften zu tun gedenke. Er erzählte von seinen Erlebnissen in Krankenhäusern und Altenheimen, wie überlastet die Pflege sei und wie dies die Würde der Heimbewohner und Patienten verletzen würde, indem sie zum Beispiel in ihren Ausscheidungen verweilen müssten. Seiner Meinung nach hatte die Bundeskanzlerin in ihren damals zwölf Regierungsjahren nicht viel für die Pflege getan. Frau Merkel antwortete mit den üblichen Versprechungen und schloss mit dem Ausblick: *„Also ich hoffe, wenn wir uns in zwei Jahren wiedersehen würden, dass es dann etwas besser ist."* Doch der unerschrockene Mann ließ ihr dies nicht durchgehen: *„Das kann gar nicht funktionieren. Wie wollen Sie es denn schaffen, dass in zwei Jahren schon mehr Pflegekräfte da sind? Die fallen nicht vom Himmel und man kann sie auch nicht alle aus dem Ausland holen. Ich frage Sie jetzt auch, wie möchten Sie es denn erreichen? Es fehlen 100.000 Pflegekräfte in Deutschland. Und dann kommen in den nächsten Jahren nochmal eine Million Pflegebedürftige dazu. Das wird eine Katastrophe werden in den Krankenhäusern und in den Pflegeheimen."* Er sollte recht behalten.

Ein lange bekanntes Riesenproblem
2013 war im Krankenpflege-Journal zu lesen:

> *Pflegenotstand auf Intensivstationen*
> *Berlin (11. November 2013) – Es ist längst kein Geheimnis mehr. In Deutschland herrscht Pflegenotstand und die Situation verschlimmert sich weiter. Es fehlt an Zeit, Geld und Personal. Besonders dramatisch zeigt sich die Situation auf Intensivstationen. „Um die Versorgung kritisch und oft lebensbedrohlich erkrankter Patienten gewährleisten zu können, müssen bestimmte Voraussetzungen erfüllt sein", verdeutlicht Professor Elke Muhl, Präsidentin der Deutschen Interdisziplinären Vereinigung für Intensiv- und Notfallmedizin (DIVI), „und das betrifft vor allem die personelle Ausstattung."*

Es finden sich in den letzten Jahren hunderte von Medienbeiträgen, die vor dem Pflegenotstand eindringlich warnen. Passiert ist de facto nichts.

Die katastrophalen Folgen
Krankenhausengpässe, besonders aufgrund von Personalmangel, sind während des Winters die Regel, sowohl in Deutschland als auch in Frankreich, Spanien oder Italien. Dort eskaliert die Situation jeden Winter regelrecht. Die Ursache liegt in der jährlichen Grippewelle, die in den Ländern stets unterschiedlich schwer verläuft. Seit Jahren sterben dabei immer mehr sehr alte und sehr kranke Menschen. In erster Linie, weil ihr Immunsystem diese Erkrankung nicht mehr abwehren kann. Das Corona-Sterbegeschehen, beschrieben in Kapitel 9, belegt eindrucksvoll diesen Trend. Derzeit gelten 4,13 Millionen Menschen in Deutschland als pflegebedürftig, 800.000 davon werden in deutschen Pflegeheimen betreut, Tendenz stetig steigend.

Diese hochbetagten Menschen sterben aber auch deshalb, weil durch Überlastung vielerorts die Pflegestandards nicht mehr gehalten werden können und weil solche Patienten oft aufgrund fehlender pflegerischer und ärztlicher Betreuungsmöglichkeiten in Krankenhäuser verlegt werden. Doch dort wird meist nur das Sterben verlängert. Im Corona-Jahr

2020 kamen 70 % aller Covid-19-Patienten, die im Krankenhaus verstarben, aus Pflegeheimen. Wurden 80-plus-Jährige auf der Intensivabteilung dann intubiert, verstarben sie dort zu 78 %. Diejenigen, die die Tortur einer intensivmedizinischen Behandlung mit künstlicher Beatmung überleben, kommen meist mit Hirnschaden und kaputter Lunge in die Heime zurück, wo das Sterben dann nachgeholt wird.

Wie wurde bisher darauf reagiert?

In Deutschland möchte man die Probleme in der medizinischen Versorgung paradoxerweise durch konsequente Umgestaltung in einen profitorientierten Gesundheitsmarkt in den Griff bekommen. Doch Krankenversorgung ist kein Markt, es ist eine Aufgabe, die solidarisch gelöst werden muss. Profitstreben und unfairer Wettbewerb durch veränderte Abrechnungssysteme sorgen seit Jahren dafür, dass kommunale Krankenhäuser oder Pflegeeinrichtungen mit einem ordentlichen Personalschlüssel pleitegehen müssen. Als Retter bieten sich private Träger an, die nach Übernahme das tun, was Privatisierung immer auslöst: Personaleinsparung und Kostendämpfung. Ein Vorgehen, das die Attraktivität des Pflegeberufs weiter senkt.

In den Ländern, die besonders viele Tote im Rahmen der Corona-Grippewelle zu beklagen hatten, wie Italien, Spanien oder Frankreich, fiel auf, dass in den letzten Jahren konsequent Mittel gekürzt wurden. Leider eine Folge des gemeinsamen Binnenmarktes der europäischen Gemeinschaft, der einen enormen Einspardruck auf diese Länder ausübt. Und bevor man beispielsweise das Rentenalter erhöht – in Frankreich liegt es offiziell bei 60 Jahren – und dadurch riskiert, die nächste Wahl zu verlieren, kürzt man eben bei denen, die sich nicht so gut wehren können, den Kranken. So baute Italien massiv Betten ab, was im Corona-Jahr 2020 die Situation zuspitzte.

Die Corona-Verschärfung

Das besondere Problem 2020/21 bestand darin, dass die angespannte Pflegesituation durch die Corona-Schutzmaßnahmen zusätzlich verschärft wurde. Quarantäne bei Covid-Kranken ist notwendig. Aber jeder Patient, ob Unfallopfer oder Herzkranker, mit einem obligatorischen und positiven Test musste sich dem unterziehen. Mir ist nicht bekannt, ob Fehlalarme dann durch einen zweiten Test überprüft wurden, wie es die WHO nahelegt. Das bedeutete für das Pflegepersonal, für jedes Frühstückstablett, das zum Patienten gebracht werden musste, für jede Blutabnahme, für jedes Bringen und Holen der Essenstabletts, der Medikamente, einer Urinflasche usw. musste aufwendig Extra-Schutzkleidung angezogen werden. Die fehlenden Zweitkontrollen haben sicher auch zu einer unnötigen Ausdünnung des Personals selbst geführt. Viele nichtinfizierte und leistungsfähige Krankenhaus- und Altenpflegekräfte haben wahrscheinlich Wochen zu Hause in Quarantäne verbracht, obwohl sie dringend gebraucht wurden.

Während Krankenhauspersonal im Umgang mit Quarantäne geschult ist, sind es viele Pflegekräfte und vor allen Dingen Hilfskräfte in den Altersheimen nicht. Es gab in den allermeisten Fällen keine Einweisung in den Umgang mit Masken, wenn es sie denn gab, ganz zu schweigen von der korrekten Handhabung der Tests, wenn es sie denn gab. Viele Pflegekräfte werden aus dem Ausland angeworben und können wenig mit Bedienungsanleitungen anfangen, die nicht in ihrer Sprache gedruckt sind. Unter Quarantänebedingungen fehlten Hilfskräfte hinten wie vorne. Angesichts dieser Versäumnisse wirkten Regierungsaktionen wie „Nationale Teststrategien" und die Aufrufe zum Schutz der Pflegeheime dort wie blanker Hohn.

Ambulante Pfleger verließen fluchtartig das Land
Im ambulanten Pflegebereich war die Situation um keinen Deut besser. Noch bis Ende des Jahres standen für diese Mitarbeiter viel zu wenige Einmalmasken zur Verfügung. Dazu kommt, dass in der privaten Pflege Schwarzarbeit weit verbreitet ist. Das liegt auch daran, dass Familien und ausländische Pflegekräfte oft Angst vor den bürokratischen Konsequenzen einer gesetzeskonformen Anstellung haben. Bei Verkündung des Lockdowns kehrten solche Pflegekräfte sofort in ihr Heimatland zurück, aus Sorge, ein Grenzübertritt werde zu großen Problemen führen. Tausende alte Menschen waren so ab März plötzlich ohne Versorgung.

Chronischer Pflegekräftemangel, falsche Prioritäten im Umgang mit Todgeweihten, unnötige Intubationsbeatmungen und selbstverschuldete

Personalausfälle aufgrund irreführender Corona-Tests waren die Hauptursache der punktuell überlasteten Krankenhäuser Ende 2020. Fehlende Intensivbetten waren nie das Problem, sondern das Fehlen des dazugehörigen Personals.

Wir müssen über das Sterben sprechen
Aber die vielleicht schlimmste Folge der Corona-Quarantäne in der Pflege war: Viele alte Menschen wurden isoliert, ohne Konzepte, um ihre Vereinsamung zu verhindern. Sterbende durften sich nicht von ihrem Ehepartner, Kindern, Enkeln und Freunden verabschieden. Sie starben allein, betreut von gestresstem und vermummtem Pflegepersonal. Für die Angehörigen ein Trauma, welches noch lange nachwirken wird. Deshalb ist eine der wichtigsten Lehren der Corona-Krise, dass wir dringend über das Sterben reden müssen. Wie wollen wir uns zukünftig von dieser Welt verabschieden? Ich ganz sicher nicht so und Sie ganz sicher auch nicht, wie wir es unseren Alten zumuten – und erst recht nicht auf die Weise, wie es während der Corona-Krise geschehen ist.

Der Tod kommt manchmal gnädig, wenn die Sinne eingetrübt sind und die Organe langsam die Arbeit einstellen. Viele müssen jedoch kämpfen unter Schmerzen und Atemnot. Sehr alte, pflegebedürftige Menschen mit schweren Grunderkrankungen brauchen dann keine Krankenhauseinweisung, wo sie anonym in fremder hochtechnisierter Umgebung, die auf Lebensrettung ausgerichtet ist, an diversen Schläuchen angeschlossen ihre letzten Tage verbringen müssen. Es handelt sich dann lediglich um eine Verlängerung des Sterbens in unwürdigen Umständen.

Geriatrische (alte) Patienten brauchen am Ende ihres Lebens stattdessen eine Betreuung, die nicht das Sterben verlängern möchte, sondern auf ein schmerzarmes Ende in Würde spezialisiert ist und dies im Kreis der Familie und Freunde ermöglicht. Diese Spezialisierung muss sich beweisen in Bezug auf räumliche Gegebenheiten sowie ärztliche und vor allem pflegerische Versorgung. Es gibt diese Spezialisierung bereits. Das dazu notwendige Wissen wird in den Fächern Geriatrie, Pflegewissenschaften und Palliativmedizin erforscht. Und es gibt Orte, die es praktizieren, man nennt sie Hospize. Viele Krebspatienten beispielsweise verbringen dort ihre letzten Tage, auf eine Weise, wie es in einer hochentwickelten Gesellschaft selbstverständlich sein sollte. Aber es gibt zu wenige Hospize. Vor allem nicht spezialisiert innerhalb der Pflegeheime. Was wir deshalb dringend benötigen, sind mehr palliativ-geriatrisch ausgerichtete Ressourcen innerhalb der großen Pflegeheime. Das würde vielen Menschen am Ende des Lebens unnötige und unwürdige Verlegungen, verbunden mit invasiven Therapien, ersparen.

Die Wahrung der Freiwilligkeit hat dabei an zentraler Stelle solcher Konzepte zu stehen. Selbstbestimmung ist das wichtigste Element der Patientenwürde. Viele Menschen machen sich früh Gedanken über ihre letzten Tage. Besonders in der Corona-Krise stieg in meiner Praxis die Nachfrage für Patientenverfügungen. Die meisten alten und schwerkranken Menschen würden sich bei guter Aufklärung gegen eine intensivmedizinische Krankenhausbehandlung und für palliative Angebote entscheiden. Doch diese Abwägung muss im Vorfeld in ruhiger Atmosphäre erfolgen. Wer hier mit dem Begriff Euthanasie dagegenhält, hat die Situation wirklich nicht verstanden.

Für alle das Beste
Vom Ausbau palliativ-geriatrischer Konzepte werden auch die Akutkrankenhäuser profitieren. Die dann freiwerdenden Ressourcen an Betten und Personal würden die Hochleistungsmedizin umfassend entlasten. Man könnte dann sogar über einen allgemeinen Abbau von Krankenhausbetten diskutieren, für den es gute Argumente gibt. Aber erst dann, wenn ein funktionierendes, palliativ-geriatrisches Pflegekonzept flächendeckend umgesetzt ist. Vorher nicht. Denn sonst wartet das nächste selbstverschuldete Grippewellendesaster bereits vor der Haustür.

Sprechen wir kurz über die Kosten. Im Schnitt werden pro Corona-Intensivpatienten 38.500 Euro Kosten errechnet, die den Krankenkassen in Rechnung gestellt werden. Das entspricht mehr als dem Bruttolohn in der Altenpflege für ein ganzes Jahr. Ein Kollege aus einer Intensivabteilung sprach während der Corona-Krise von den teuersten Beerdigungen aller Zeiten. Die Nationale Teststrategie macht nur Sinn bei klaren Krankheitssymptomen und in Krankenhäusern und Pflegeheimen. Als präventives

Massendiagnostikum ist sie kontraproduktiv und verschlingt Milliarden. Ganz abgesehen von den Kosten, die ein Lockdown durch seine Kollateralschäden verursacht. Dagegen wäre die Finanzierung eines gut gemachten palliativ-geriatrischen Konzepts mit ausreichender Personalstruktur gewissermaßen als Schnäppchen zu haben. Die Zahl der Hochbetagten wird stetig und steil zunehmen bis in die zweite Hälfte dieses Jahrhunderts hinein, so lange, bis die geburtenstärksten 1960er-Jahrgänge ihre letzte Reise angetreten haben. Wir müssen nun endlich anfangen, vernünftig und angemessen über das Sterben zu sprechen und das Thema nicht verdrängen. Es betrifft uns alle – früher oder später.

Zum Schluss dieses Kapitels noch ein paar Originalstimmen von Pflegerinnen und Pflegern, die der Journalist Stephan Klose für *Achgut.com* während der Corona-Krise gesammelt hat:

„*Es gibt keinen Plan von der Politik für uns.*"

„*Wir werden total verunsichert.*"

„*Man hat das Gefühl, dass man mit einem Bein im Knast steht. Egal was man entscheidet.*"

„*Es wäre besser, Corona-Erkrankte im Heim palliativ zu begleiten.*"

„*Heimbewohner wollen lieber hier mit Corona sterben, aber dürfen dafür ihre Angehörigen sehen.*"

„*Unsere Einwohner sterben an Einsamkeit. Die essen nicht mehr. Es ist Horror.*"

Kapitel 14
AHA – Abstand, Hygiene, Alltagsmaske

Im Rahmen der Corona-Krise wurde immer wieder darauf hingewiesen, die AHA-Regeln zu beachten:
Abstand halten: mindestens 1,5 m
Hygiene beachten: regelmäßig Hände waschen und desinfizieren und
Alltagsmasken tragen

Diese Regeln wurden später unter Zwang durchgesetzt und bei Verstößen mit hohen Strafgeldern belegt. Wie sinnvoll sind sie eigentlich?

Abstand und Hygiene

Hygiene, das heißt Abstand von Infektionskranken zu halten, sowie regelmäßiges Händewaschen und Desinfektion, ist eines der erfolgreichsten Konzepte der modernen Medizin. Über deren Sinnhaftigkeit muss man wirklich nicht diskutieren. Krankheitserreger übertragen sich nun einmal über Atemluft oder Oberflächenkontakt. Wir sind zum Teil in der Vergangenheit damit zu sorglos umgegangen, selbst in den Arztpraxen. Dadurch wurde sicher auch eine Ansteckung zum Beispiel mit Influenza- oder Noroviren begünstigt. Wenn wir hier durch Corona sensibilisiert wurden, diese zwei Regeln in Zukunft besser zu beherzigen, ist das sicherlich eine gute Entwicklung. Betonung liegt aber auf Abstand gegenüber erkennbar Infizierten. Die Infektions-Falldefinition, die sich während der Corona-Krise durchgesetzt hat, ist damit nicht gemeint. Denn das würde bedeuten, jeden gesunden Menschen unter Generalverdacht zu stellen. Wenn wir uns in Zukunft nicht mehr mit Handschlag begrüßen, unter ständigem Waschzwang leiden, uns nicht mehr in den Arm nehmen und die Mimik verbergen, dann bekommen wir eine andere Gesellschaft, die ganz sicher nicht gesünder, aber psychisch krank wird. Ich habe mich immer wieder über die soziologisch-psychologischen Vorstellungen einiger Virologen gewundert. Einer schlug beispielsweise in einer Talkshow tatsächlich vor, wir sollten uns zukünftig während des Sprechens vom Gegenüber wegdrehen.

Außerhalb medizinischer Einrichtungen bedeutet dies konkret:
- Alte, geschwächte Menschen sollten, falls möglich, im Winter Menschenmassen, besonders in beengten Räumlichkeiten, meiden. Sie brauchen dazu aber bezahlbare Lösungen und keinen überfüllten öffentlichen Nahverkehr.
- Jeder, der aus einem öffentlichen Gebäude, insbesondere aus medizinischen Einrichtungen kommt, sollte sich die Hände waschen. Generell auch dann, wenn er alte Menschen besucht (dass dies nach dem Toilettengang und auch vor dem Kochen und Essen Sinn macht, muss eigentlich nicht erwähnt werden).
- Jeder Infektionskranke sollte sich nicht zur Arbeit schleppen, sondern zu Hause auskurieren.

Mehr nicht. Waschzwang und soziale Ängste füllen sonst eher die Praxen der Psychotherapeuten.

(Alltags-)Masken

Vor, während und nach Corona werden Chirurgen Masken tragen, genauso wie Mitarbeiter der Intensivabteilungen oder Hausärzte, wenn sie schwer immungeschwächte Patienten behandeln. Ebenso wie Schleifer oder Lackierer, um sich vor giftigen Partikeln zu schützen. Im Rahmen der Ausbildung wird das Tragen von Masken geschult und am Arbeitsplatz dann korrekt angewendet. Es sind durch die Bank chirurgische oder FFP-Masken mit unterschiedlicher Dichte, die nur einmal verwendet und während des Tragens nicht angefasst werden dürfen.

Aber sollten wir tatsächlich Masken in der Öffentlichkeit tragen? So selbstverständlich wie in der Medizin? Wie ist die allgemeine Maskenpflicht im Rahmen der Corona-Krise zu bewerten? Hier gab es von Anfang an unterschiedliche Meinungen und auch die jeweils passenden, widersprüchlichen Studien dazu. So wie es ein korruptes Bestelldesaster und eine seltsame Verteilungspolitik gab. Jedenfalls fehlten sie da, wo Einmalmasken im Rahmen einer Corona-Influenza-Pandemie wirklich wichtig sind, bei der mobilen wie stationären Altenpflege, und das bis heute. Eines ist aber nicht von der Hand zu weisen: Angesichts der für die Covid-Ansteckung entscheidenden Aerosole konnten Pneumologen im Laborversuch belegen, dass eine Maske die Verbreitung des Virus in geschlossenen Räumen reduziert. Selbst dann, wenn man sich in diesen Räumen allein ohne Maske aufhält, schweben Aerosole weiter im Raum und können nachfolgende Menschen anstecken. Wir reden über normales Atmen und Sprechen, nicht von Husten. Dieser Effekt wird stark reduziert durch hohe Raumhöhen und gutes Lüften. Das bedeutet, dass Masken im Freien keinen relevanten Einfluss auf die Ansteckungsgefahr haben. Die Anordnung etwa der Stadt Hamburg, auch Jogger sollen Masken tragen, ist reine staatliche Willkür. Ausgangssperren sind sogar kontraproduktiv. Sie sperren sozial schwächere Großfamilien in kleinen Wohnungen ein und erhöhen die Ansteckungsrate. Daraus rekrutierte sich das Gros der schweren Covid-Fälle im Winter.

Nebenwirkungen?

Doch auch hier wurde zu wenig über mögliche Nebenwirkungen nachgedacht. Alle wichtigen Maskenstudien basieren auf Einmalmasken. Nicht auf Masken, die wochenlang in Hosen- und Jackentaschen, Schulranzen, Handschuhfächern oder sonstigen Behältnissen aufbewahrt und immer wieder verwendet wurden. Verrotzte Masken in den Schulklassen, verfilzte chirurgische Masken billigster Qualität, bei denen sich nach dutzendfachem Tragen beim Einatmen Fusseln lösen, hochgezogene Schals, die noch nie eine Waschmaschine von innen gesehen haben... als Hausarzt stehen mir da die Haare zu Berge. Ich denke dabei nicht nur an Corona, sondern auch an Herpes, Hautausschläge, Pilzbefall etc. Dass insbesondere Kinder nach einem anstrengenden Maskentag müder wirkten und öfter über Kopfschmerzen klagten, fiel vielen Eltern auf. Nicht gut fand ich allerdings die auf YouTube verbreitete Behauptung, Kinder seien durch Masken gestorben. Solche Horrormeldungen erzeugen ebenfalls unnötige Ängste, denn nachweisen ließ sich das nie.

Maskengeburt

Kritisch sehe ich jedoch die rechtliche Verpflichtung zum Tragen einer FFP2-Maske. Diese Masken werden in der Industrie im Umgang mit Weichholz, Glasfasern, Metall und Kunststoffen eingesetzt. Um die Träger vor einem gesundheitsschädlichen Sauerstoffmangel zu schützen, empfiehlt die geltende Arbeitsschutzregel eine Tragedauer von längstens 75 Minuten mit anschließender Mindesterholungsdauer ohne Maske von 30 Minuten. Und das höchstens 5-mal pro Tag und nur an maximal vier Wochentagen. Kannte die bayerische Landesregierung diese Empfehlung, als sie FFP2-Masken am 18. Januar 2021 verpflichtend für Arztpraxen, Bahnhöfe, Nahverkehr, Supermärkte usw. vorschrieb? Mit 250 Euro Bußgeld für FFP2-Muffel. Im Münchner Nahverkehr oder in Arztpraxen hält man sich schnell länger als 75 Minuten auf. Und dann? 30 Minuten auf Toilette ohne Maske? Bewusstlos stellen? Wer einmal eine Treppe mit FFP2-Maske hochgelaufen ist, weiß, wie wenig Sauerstoff diese Maske durchlässt. Es ist deshalb keine gute Idee, wenn übervorsichtige und schlecht informierte Eltern diese Masken sogar ihren Kindern auf Spielplätzen aufsetzen. Ich schäme mich, ehrlich gesagt, auch für Kollegen, die Schwangere dazu nötigten, bis kurz vor dem unmittelbaren Geburtsvorgang eine FFP2-Maske zu tragen.

Übergeordnete Einschätzung

Eines fiel auf: Das allgemeine Infektionsgeschehen war während der Corona-Zeit deutlich reduziert. 2020 war das einzige Jahr, in dem die zentrale Grippe-Messstelle der WHO keine Grippeviren nach der 17. Kalenderwoche mehr feststellte. Für Deutschland sind die fehlenden Influenzaviren nachgewiesen. Welchen Anteil daran Masken, Versammlungsverbote oder die Einschränkung insbesondere des internationalen Reiseverkehrs haben, wird sicher Teil zukünftiger Studien sein. Sie werden neue Erkenntnisse über Verbreitungswege von Viren ermöglichen. Dann wird man auch besser verstehen, warum das Infektionsgeschehen von SARS-CoV-2 selbst weitgehend unbeeinflusst von den Maßnahmen verlief.

Die Frage jedoch, ob die allgemeine Maskenpflicht sinnvoll war, ist letztlich eine Frage der Verhältnismäßigkeit. Ich sehe das so wie mit dem

Tragen von Helmen. Schützen sie vor schweren Kopfverletzungen? Ja. Sollten wir sie deshalb überall aufhaben? Nein, denn das wäre unverhältnismäßig. Nur da, wo man dieser Gefahr besonders ausgesetzt ist, machen sie Sinn. Wie auf der Baustelle oder im Motorsport. Masken schützen bei der Betreuung immungeschwächter Menschen, besonders im Krankenhaus und in den Pflegeeinrichtungen. Doch die allgemeinen Vorschriften während der Corona-Zeit hatten eher den Charakter von Aktionismus bei gleichzeitigem Desinteresse für die möglichen Schäden, die damit eben auch zusammenhängen können.

Teil 2

Kapitel 15
Impfung

Déjà-vu

Am 30. Dezember 2020 hatte ich ein Déjà-vu. Ich hörte die Pressekonferenz, in der Bundesgesundheitsminister Jens Spahn, Lothar Wieler, Präsident des Robert Koch-Instituts (RKI), und Klaus Cichutek, Präsident des Paul-Ehrlich-Instituts (PEI), über den Start der Corona-Impfkampagne informierten. Sie erinnerten mich daran, wie nach einer bisher beispiellosen Panikberichterstattung über eine neue, saisonale Viruserkrankung der Bevölkerung eindringlich empfohlen wurde, sich durch einen neuen Impfstoff vor dieser Infektion zu schützen. Einen Impfstoff, der neuartige Inhaltsstoffe enthält und trotz Fehlens vorgeschriebener Studien bezüglich Wirkung und Nebenwirkungen im Schnellverfahren zugelassen wurde. Er wurde von den damaligen Leitern exakt der gleichen Institutionen dennoch der Bevölkerung wärmstens ans Herz gelegt. Ansonsten drohten Apokalypse und hunderttausende Todesopfer. Ich spreche von Pandemrix, einem Impfstoff gegen die Schweinegrippe 2009. Doch bald merkten wir Ärzte, dass dieser Impfstoff bei unseren Patienten in völlig unüblicher Weise Krankheitssymptome hervorrief und, wie sich später herausstellte, bei mindestens 1400 Patienten weltweit zu einer Narkolepsie führte, einer Schlafkrankheit, bei der es nicht mehr möglich ist, sein normales Leben weiterzuführen. Diese Nebenwirkung ist inzwischen anerkannt und wird staatlich entschädigt. Die Dunkelziffer dürfte deutlich höher sein.

Die rasch um sich greifende Skepsis von Ärzten und Patienten führte dazu, dass die Regierung auf Impfdosen im Wert von 230 Millionen Euro sitzenblieb, die dann später als Sondermüll verbrannt werden mussten. Die Schweinegrippe selbst stellte sich als eine der harmloseren Grippewellen der vergangenen Jahre heraus. Ich habe die Vorgänge um die Schweinegrippe in meinem Buch „Schlechte Medizin" 2012 ausführlich beschrieben. Schon damals stellte ich die Frage, wie es denn sein kann, dass die Verantwortlichen nicht zur Rede gestellt wurden, keinerlei Entschuldigungen ausgesprochen wurden und keine Erklärung zu hören war, wie man zukünftig die Bevölkerung vor diesen gravierenden Fehleinschätzungen schützen wolle. Bis zum heutigen Tag gibt es von den damals Irrenden kein einziges Wort dazu. Und nun, am 30. Dezember, höre ich elf Jahre später die exakt gleichen Argumente und Aufforderungen. Kein Wunder, dass ich den agierenden Institutionen nicht über den Weg traue.

Impfungen sind eine Erfolgsgeschichte
Dabei steht es für mich außer Frage: Impfungen sind eine beispiellose Erfolgsgeschichte der Medizin. Noch vor 60 Jahren war es völlig normal, dass Kinder an Diphtherie starben oder tausende Menschen durch Kinderlähmung dauerhaft schwer geschädigt wurden. Seit es diese Impfungen gibt, sind diese Erkrankungen aus unserem Alltagsleben verschwunden. Diese Beobachtung reicht mir persönlich, die Erfolge solcher Impfungen als segensreich zu empfinden. Ohne Zweifel gab es auf dem Weg zu sicheren Impfstoffen zahlreiche Todesopfer und schwerste Nebenwirkungen, viele davon auch sicher vermeidbar. Doch die heutigen Impfstoffe sind aufgrund von Forschung und der Etablierung von sinnvollen Zulassungsverfahren so sicher, dass nur noch äußerst wenige schwere Nebenwirkungen auffallen. Impfgegner führen gerne an, dass die Zunahme der Allergien auf die vielfältigen Impfungen, die im Kindesalter verabreicht werden, zurückzuführen sein. Dies kann ich nicht widerlegen, aber ich wünsche keinem Kind, an Diphtherie und keinem Erwachsenen, am Wundstarrkrampf (Tetanus) zu erkranken, denn das wäre für die meisten deutlich unangenehmer bis tödlich.

Wann ist eine Impfung sinnvoll?
Wie immer in der Medizin gilt auch beim Impfen der Grundsatz, der Nutzen der Maßnahme soll höher sein als der Schaden. Nicht alles, gegen das geimpft wird, ist für die Gesellschaft eine große Bedrohung, zum Beispiel die durch Zecken übertragene FSME. Aufgrund des spärlichen Vorkommens muss man dann auch die geringen Impfrisiken abwägen, und heraus kommt eine Impfung, die keine Relevanz besitzt. Ganz anders Hepatitis B, eine sehr häufige Erkrankung, vor der man sich durch eine gut geprüfte Impfung gleichsam gefahrlos schützen kann. Ein anderer Impf-

grund kann darin bestehen, eine schwere Krankheit komplett auszurotten. Man profitiert dann nicht sofort individuell, aber dafür die gesamte Gesellschaft. Das gelang aller Wahrscheinlichkeit nach durch die Pockenimpfung. Das gilt aber nur für Erreger, die ausschließlich von Mensch zu Mensch übertragen werden. Corona ist wie die Influenza eine Zoonose. Die Viren überdauern und mutieren in Tieren und werden dann wieder auf Menschen übertragen. Deshalb gibt es auch jedes Jahr neue Grippe-Impfstoffe. Ausrotten lässt sich eine Zoonose nicht.

Die Corona-Impfung

Die Technik der neuen Corona-Impfstoffe ist faszinierend. Sie kann für verschiedene Zwecke eingesetzt werden. Man bringt durch Erbmaterial von Viren eigene Körperzellen dazu, etwas Bestimmtes zu produzieren. Labormäuse konnten nach Durchtrennung des Rückenmarks durch eine solche Therapie wieder ihre Zehen bewegen. Das könnte einmal ein großer Durchbruch für die Behandlung von Querschnittsgelähmten werden. Gleiches gilt für neue Krebstherapien.

Doch bisher ist es auch nach 25 Jahren Forschung nicht gelungen, mit dieser Technik beispielsweise einen AIDS-, Grippe- oder Malaria-Impfstoff zu entwickeln, der die strengen Zulassungskriterien bestanden hätte. Doch bei der Zulassung der neuen Corona-Impfstoffe wurden wichtige Schritte dieses bewährten Zulassungsverfahrens übersprungen. Keine der derzeit angeführten Studien kann die Gefahr ausschließen, dass diese neuen Impfungen gefährliche Langzeitfolgen haben können, die ihren Nutzen übersteigen. Das werden wir erst sicher in fünf, und besser in ein bis zwei Jahren wissen. Diese Zulassungsverfahren waren eine Lehre aus dem Contergan-Skandal. Sie wurden schon einmal im Falle von Pandemrix gebrochen und das Resultat brachte mehr Schaden als Nutzen.

Andere Maßnahmen wären zunächst angebracht

Wäre die Corona-Pandemie tatsächlich die angekündigte Killerseuche, dann müsste man auch Risiken eingehen. Sie ist es aber nicht. Bevor man die Bevölkerung unbekannten Impfrisiken aussetzt, sollten erst einmal die groben Fehler des Krisenmanagements behoben werden. Zum Beispiel durch eine sofortige, konstruktive Kraftanstrengung, um den Pflegenotstand zu entschärfen. Sofortige Rekrutierung von unterstützendem Personal, Hilfe dort bei den Schnelltests, Verhinderung sinnloser Krankenhausverlegungen, Beendigung des Beatmungsdramas. Der Eindruck entsteht, man will mit aller Gewalt diese Impfung als Rettungsanker durchziehen, um dahinter das eigene Unvermögen zu kaschieren. Allerdings hat Deutschland im Rahmen des Corona-Impfmanagements seinen Status als Dilettantenland besonders überzeugend bestätigt. Andere Länder eröffnen nicht nur neue Flughäfen, sie zeigen auch mehr organisatorische Fähigkeiten bezüglich der Durchimpfungsrate. Ob sie am Ende insgesamt besser dastehen, wird man sehen. Hoffen wir, dass die Nebenwirkungsrate sehr gering bleibt. Die Sterbefälle bei Astra-Zeneca sind selten, aber dennoch inakzeptabel, weil die Verstorbenen jünger waren und deshalb von Covid für sie kaum Lebensbedrohung ausging. Ob und wie lange die neuen Corona-Impfungen tatsächlich vor schweren Covid-Erkrankungen schützen und die Übertragung verhindern, ist noch nicht ausreichend gesichert.

Gesellschaftlicher Druck
Aktuell wird versucht, mit Zuckerbrot und Peitsche die Impfakzeptanz zu erhöhen. Indem man Hoffnung auf ein normales Leben weckt, aber auch durch sozialen Druck. Erfahrene Pflegekräfte, die genau wissen, dass diesen Impfungen ein hohes Potential unbekannter Nebenwirkungen innewohnt, nötigt man durch versteckte Drohungen, sich nicht zu verweigern. Unerfahrenen Studenten, die zum Beispiel in Testzentren arbeiten, vermittelt man das Gefühl eines ganz besonderen Privilegs, mit dem sie früher als andere wieder Freunde treffen können. Bewohnern von Pflegeheimen droht man mit Isolation ohne Impfung. Alles persönliche Mitteilungen, die mich erreichen. Mit seriöser Medizin hat das alles nichts mehr zu tun.

Verstehen Sie mich nicht falsch. Ich möchte keine Panik schüren. Aber Sie sollten wissen, auf was man sich bei dieser Impfung einlässt. Sie ist immer noch in einem experimentellen Status. Ich hoffe auf unabhängige, gut gemachte Studien im Sommer, wenn frühe Langzeiterfahrungen vorliegen. Bis dahin ist jeder Druck, der auf die freie Impfentscheidung ausgeübt wird, nichts anderes als staatliche Übergriffigkeit in Bezug auf die körperliche Unversehrtheit. Kinder jetzt schon in die Überlegungen miteinzubeziehen, ist unverantwortlich.

Gibt es positive Langzeitergebnisse, so kann es gut sein, dass ich mich impfen lasse, denn Covid kann auch für meine Altersklasse sehr unangenehm sein, vielleicht sogar unangenehmer als eine schwere Grippe. Doch ganz gleich, ob ich mich persönlich für eine Impfung entscheide, würden mir Restaurants, Kinos, Konzerthäuser oder auch Freundeskreise den Spaß an der Freude verderben, sollten sie mir Zugang nur mit einem Corona-Impfpass gewähren. Eine aufgeklärte Demokratie überzeugt ihre Bürger durch gute Argumente und nicht durch Gruppenzwang.

Fazit Teil 2
Sind die Maßnahmen verhältnismäßig?

In der Medizin gilt: Bevor eine Therapie verordnet wird, sollte man wissen, wie viel Schaden sie anrichten kann. Eine solche Nutzen-Schaden-Analyse gibt es auch als Gebot in unserem Grundgesetz. Sie nennt sich dort Verhältnismäßigkeitsprinzip. Es reicht nicht, eine Maßnahme, die in Grundrechte eingreift, damit zu begründen, dass sie einen legitimen öffentlichen Zweck verfolgt. Sie muss auch überdies geeignet, erforderlich und verhältnismäßig im engeren Sinn, sprich angemessen sein.

Viele Verfassungsklagen sind bezüglich der Rechtmäßigkeit der Corona-Schutzmaßnahmen beim Bundesverfassungsgericht anhängig. Viele wurden bisher ohne Begründung abgelehnt. Doch angesichts der größten Verwerfung, die ein Regierungshandeln in der Geschichte der Bundesrepublik Deutschland zu verantworten hat, wird der Zeitpunkt kommen, an dem sich das Verfassungsgericht diesen Klagen nicht mehr verweigern kann. Die Verfassungsrichter werden dann darüber urteilen müssen, ob dieses Regierungshandeln verhältnismäßig war oder nicht.

Ich bin kein Jurist. Aber diese Frage betrifft mein Gebiet, die Medizin. In Teil 1 und 2 dieses Buchs habe ich mich der Beantwortung nach bestem Wissen und Gewissen gewidmet. Hier ist meine Schlussfolgerung:

- angesichts der fehlenden wissenschaftlichen Basis eines Lockdowns
- angesichts der vergleichbaren Infektionsentwicklungen der Länder ohne Lockdown
- angesichts der durchgängigen Unterbelegung der Krankenhäuser
- angesichts der normalen Sterbeentwicklung einer alternden Gesellschaft
- angesichts der massiven Kollateralschäden des Lockdowns, gesundheitlich, psychologisch und wirtschaftlich
- angesichts der Tatsache, dass die Regierung keine erkennbaren Anstrengungen unternommen hat, Nutzen und Schaden anhand

bewährter wissenschaftlicher Instrumente zur Erkenntnisgewinnung einzuschätzen
- angesichts dessen, dass sich der Krisenstab der Regierung auf teils fragwürdige Fachleute mit einer noch fragwürdigeren Expertise verlassen hat, um die Bevölkerung einer völlig überzogenen Panikkampagne auszusetzen
- angesichts dessen, dass die Regierung hochanerkannte und international anerkannte Experten komplett bei der Entscheidungsfindung ausgrenzte, wenn sie dem Regierungshandeln kritisch gegenüberstanden

... angesichts all dieser Punkte kann es für mich nur eine Schlussfolgerung geben: Eine Verhältnismäßigkeit bestand zu keinem Zeitpunkt. Die Regierung hat die Verfassung gebrochen und damit ohne Not einen Schaden verursacht, der beispiellos in der Geschichte der Bundesrepublik Deutschland ist. Als wirkliche Bedrohung für die Gesellschaft entpuppt sich während der Corona-Krise die Regierung und nicht das Virus.

Solidarität – nur mit wem?

Viele Menschen haben sich aus Solidarität auf die Restriktionen der deutschen Corona-Politik eingelassen, im festen Glauben, dadurch Menschenleben zu retten. Doch in der Gesamtsicht war diese Solidarität blind gegenüber den viel zahlreicheren Opfern der Kollateralschäden der Maßnahmen. Es ist bitter, sich dies eingestehen zu müssen. Doch wie wird man mit dem Vertrauensverlust umgehen, der dieser Einsicht folgt? Das Risiko einer instabilen gesellschaftlichen Entwicklung ist nicht vom Tisch zu wischen. Stephan Kohn hat weitsichtig auf die Gefahr staatlicher Destabilisierung hingewiesen, die sich aus dem Vertrauensverlust in die staatlichen Institutionen in Verbund mit einer Wirtschaftskrise ergeben kann. Das beste Rezept dagegen ist ein Regierungshandeln, das auf Vernunft und Verantwortung basiert. Und eine Öffentlichkeit, die dies nachdrücklich einfordert.

Doch davon sind wir derzeit weit entfernt. Die Corona-Krise hat für viele erkennbar gemacht, was manche schon länger befürchten: Deutschland hat sich zu einem Land entwickelt, in dem Regierung und Institutionen von Inkompetenz dominiert werden. Und das gepaart mit einer autoritären Übergriffigkeit denjenigen gegenüber, die diese Missstände kritisieren und stattdessen Vernunft und Sachwissen einfordern. Warum? Weil der überwiegende Teil der Gesellschaft dies in gutem Glauben immer noch gut findet. Dahinter steckt eine jahrelange Fehlentwicklung, die einem demokratischen Grundkonsens zuwiderläuft und unsere eigentliche Stärke, die offene, angstfreie Debatte um die beste Lösung, zunehmend unterdrückt. Doch wie konnte es dazu kommen? Darum geht es im letzten Teil dieses Buches.

Teil 3

Eine Gesellschaft auf Abwegen

Teil 3

Kapitel 16
Vernunft – Grundlage einer erfolgreichen Gesellschaft

Früher war das mit der Wahrheit deutlich einfacher. Sie wurde festgelegt vom Papst, vom König oder von Diktatoren, und wer sie anzweifelte, landete auf dem Scheiterhaufen oder im Straflager. Doch leider führen solche Wahrheiten über kurz oder lang immer dazu, dass sich in Wirklichkeit eine kleine Machtelite, ob Adel oder Funktionärskaste, bereichert und die Mehrheit dafür büßen muss. Die Menschheit hat sich in Teilen aus dieser Form der Wahrheitsfindung befreit, indem man anfing, Autoritäten und Glaubenssätze infrage zu stellen. Und siehe da, der konstruktive und offene Streit um die Wahrheit führte in der Wirklichkeit zu immer besseren Ergebnissen. Das kritische Hinterfragen von Wahrheiten ist das Prinzip der Aufklärung, die als gesellschaftliche Geistesentwicklung seit 300 Jahren die westliche Welt prägt. Sie ist das Erfolgsrezept für Freiheit, Wohlstand, Rechts- und Sozialstaat.

Auf die Wirklichkeit kommt es an, nicht auf die Wahrheit

Vor absoluten Wahrheiten sollte man sich besser hüten. Und zwar besonders, wenn sie als unumstößlich gelten. Denn nicht hehre Glaubenssätze, Ideale und Parolen entscheiden über unsere Lebensbedingungen, sondern die Realität – das, was in Wirklichkeit am Ende rauskommt. Früher durfte niemand infrage stellen, dass die Sonne um die Erde kreist. Heute gilt der Zweifel an der nationalen Bedrohung durch Corona als Merkellästerung. Doch starre Dogmen sind keine gute Voraussetzung, um eine Krise gut zu meistern. Denn irren ist menschlich, nur sollte man es merken, bevor man ein Desaster anrichtet.

Der Weg ist das Ziel

Wir werden niemals genau wissen, was die Wahrheit ist. Aber wir können versuchen, gute Lösungen zu finden, die dann in Wirklichkeit auch zu dem erhofften Ergebnis führen. Wie findet man solche guten Lösungen?

Wahrsager zu fragen, wäre eine Möglichkeit. Ein Wahrsager wird schließlich auch einmal richtig liegen, allerdings nachdem er 999-mal Unsinn prophezeit hat. Heute nennen sich Wahrsager übrigens Modellrechner und sind die Hauptberater der Politik. Wirklich keine gute Idee, wie nicht nur Corona zeigt. Deutlich besser ist es, kompetent und vernunftbasiert vorzugehen. Immanuel Kant, der berühmte Philosoph der Aufklärung, hat sich vor 200 Jahren intensiv darüber Gedanken gemacht, auf welchem Weg man zu vernünftigen Lösungen gelangen kann. Zwei Voraussetzungen sind für ihn dabei notwendig: die Nutzung unseres Verstandes und die Wahrnehmung von Sinneseindrücken.

Die zwei Säulen der Vernunft: Nr.1 Der Verstand

Immanuel Kant beschreibt den Verstand als die Fähigkeit, aus der Mannigfaltigkeit der äußeren Welt Begriffe zu bilden und objektive Urteile zu fällen. Daraus entwickelte sich der Anspruch der modernen Wissenschaft, Aussagen durch Messungen belegen zu können, zum Beispiel: Eisen ist schwerer als Holz. Solche Aussagen sind universell anwendbar, unabhängig von der Person und lassen sich objektiv überprüfen.

Doch das mit der Objektivität ist so eine Sache. Schon das Gewicht hängt durchaus mit dem Ort zusammen, an dem ich es messe. Lebewesen, die in der Schwerelosigkeit des Weltalls leben, könnten mit unserer „Wahrheit", Eisen ist schwerer als Holz, wenig anfangen. Bei ihnen würde beides gleichviel wiegen, nämlich nichts. Es gibt prinzipiell unzählige Einflussfaktoren auf scheinbar objektive Messungen, die wir nie als Ganzes erkennen werden. So kann etwa die Waage fehlerhaft sein. Dann würde die „objektive Wahrheit" vielleicht lauten: Holz ist schwerer als Eisen. Wenn es nicht gelingt, auch nach umfänglichen Messungen mit hundert anderen Waagen diese These zu widerlegen, dann gelten diese Fehlversuche in der Wissenschaft sogar als Beleg für die Richtigkeit. Man nennt diese Überprüfungsmethode Falsifikation. Beim Messvergleich von Eisen und Holz würde der Fehler jedoch schnell auffallen. Es sei denn, die fehlerhafte Waage steht im Vatikan – oder im Kanzleramt?

Wirkmodelle

Doch Wissenschaft gibt sich nicht mit einfachem Wiegen zufrieden. Sie möchte wissen, warum Eisen schwerer ist als Holz. Anhand von Experimenten und theoretischen Überlegungen versucht sie Modelle zu entwickeln, mit denen man Beobachtungen erklären und voraussagen kann. Wissenschaftler wissen jedoch, dass ein Modell nicht die Wahrheit ist, sondern nur der Versuch einer Annäherung. Gewicht kommt nach heutigen Modellen zustande über Atommasse, Dichte, Gravitation. Aus solchen Modellen lassen sich viele Dinge ableiten und entwickeln, zum Beispiel neue Materialien, die leichter und dennoch stabiler sind. Wenn diese Erfindungen dann in der Wirklichkeit genau das leisten, was sie sollen, dann handelt es sich um ein gutes Modell.

Contagium animatum

Das Modell, mit dem sich die Medizin die Übertragung einer Krankheit vorstellte, sah bis ins 19. Jahrhundert so aus: Ein Samenkörnchen der Krankheit *(„Seminaria morbi")* überträgt sich vom Kranken auf einen anderen Menschen durch Berührung und über die Luft. Doch dieses Modell führte nicht zu wirkungsvollen Therapien. Letztlich ermöglichten erst Beobachtungen mit Hilfe des Mikroskops ein neues, besseres Modell: die Übertragung der Krankheit durch einen eigenen, lebenden Mikroorganismus *(„Contagium animatum")*. Der erste Nachweis dieses Modells gelang Robert Koch, als er 1877 das schon bekannte *Bacillus anthracis* im Labor anzüchtete und damit bei Meerschweinchen die Tierseuche Milzbrand auslösen konnte. Dieses neue Modell der spezifischen Krankheitsübertragung durch Mikroorganismen ermöglichte den Durchbruch bei der Bekämpfung der bakteriellen Infektionen, von Tuberkulose bis Cholera, durch die Entwicklung der Antibiotika. Für virale Infektionen gilt dies leider noch nicht im gleichen Maße. Auch der Desinfektion verhalf diese Erkenntnis zum entscheidenden Durchbruch, zum Beispiel in der Chirurgie, nachdem man Pioniere wie Ignaz Semmelweis 30 Jahre zuvor noch bekämpfte (s. Semmelweis-Reflex Kapitel 3). Weiterhin fand Robert Koch heraus, dass unterschiedliche Erreger immer auch spezifische Krankheiten auslösen. Vorher dachte man, ein einziger wandelbarer Organismus würde alle Infektionskrankheiten hervorrufen. Diese Erkenntnis ermöglichte die Entwicklung der Impftherapien.

Wissenschaft lebt vom Widerspruch

Dieses Beispiel zeigt: Erkenntnisgewinn durch Wissenschaft funktioniert nur, wenn scheinbar gesicherte Wahrheiten ständig hinterfragt werden. Das unterscheidet die Wissenschaft von einer politischen oder religiösen Ideologie, bei der es eben nicht erlaubt ist, Dogmen und Glaubenssätze anzuzweifeln. Doch nicht nur während der Corona-Krise wird die Wissenschaft aufgefordert, sich auf eine objektive „Wahrheit" festzulegen, mit der sich dann Wissende von Leugnern trennen lassen. „Follow the Science", fordert beispielsweise die Klimabewegung „Fridays for Future". Doch gerade so verhindert man Erkenntnisgewinn. In der Wissenschaft ist fundierte Kritik ausdrücklich erwünscht, weil sie sich ohne Widerspruch nicht weiterentwickeln könnte. Besonders dann, wenn eine These in der Wirklichkeit immer und immer wieder zum Scheitern führt und dabei immensen Schaden anrichtet. Die Annahme einer Killerseuche, die nur mit immerwährendem Lockdown gemeistert werden kann, ist gleich doppelt von der Wirklichkeit widerlegt worden. Das wurde in Teil 1 und Teil 2 ausführlich begründet. Es wird allerhöchste Zeit, das alte Gefährdungsmodell aufzugeben – es war von Beginn der Krise an falsch.

Gute Wissenschaft hält sich an Regeln

Um Modelle auf ihre Tauglichkeit zu überprüfen, benötigt speziell die Medizin Studien. Als Methode, um durch Studien zu objektiven Urteilen zu gelangen, hat sich die Statistik durchgesetzt (die übrigens selbst nur ein Modell ist). Doch das funktioniert nur, wenn man sich sehr streng an die Regeln der Statistik hält, sonst führt sie ganz schnell in die Irre. Corona ist ein exzellentes Beispiel für die unsachgemäße Anwendung von Statistik. Die Testzahlen zu erhöhen, um dann irreführend zu behaupten, die Infektionszahlen würden explodieren, ist so ein Fall, oder die Leopoldina-Behauptung, der Nordirland-Lockdown habe zum Rückgang der Infektionen geführt, obwohl es ein typischer Postpeak-Lockdown war (s. Seite 82). Ich möchte in diesem Kapitel zusätzlich auf einen leider sehr verbreiteten

Fehler hinweisen, der in der Medizin regelmäßig Leben kostet und auch das Corona-Krisenmanagement auf vollkommen falsche Pfade führte.

Schein und Sein

Ein sehr beliebtes Täuschungsmanöver in der Medizin ist das Beweisen durch etwas Nichtssagendes. Studien, die belegen, dass Medikamente den Cholesterin-, den Blutzuckerspiegel oder den Blutdruck senken, werden häufig als Beweis aufgeführt, dass diese Medikamente nützen. Doch bewirkt die Senkung dieser Parameter alleine schon einen positiven Effekt? Ich spüre doch meinen Cholesterinspiegel gar nicht. Erst wenn man beweist, dass diese medikamentöse Absenkung auch spürbare Verbesserungen bringt, wie die Senkung der Herzinfarkt- und Schlaganfallrate und der Sterblichkeit allgemein, erst dann ist ein Nutzen belegt. Das eine nennt man Ersatzparameter und das, auf was es wirklich ankommt, harter Endpunkt. Die Medizin verschreibt Millionen unnützer bis gefährlicher Medikamente, nur mit dem Argument, sie senkten Ersatzparameter. Prüft man endlich nach, ob sich damit zum Beispiel auch Herzinfarkte verhindern lassen, stellt sich oft keine positive Wirkung heraus. Oder nicht selten sogar eine negative, weil sich die Nebenwirkungen der Medikamente schlimmer auswirken. Deshalb ist eine der Hauptforderungen für eine bessere Medizin, Behandlungen nur danach zu bewerten, ob ein positiver Effekt auf harte Endpunkte belegt ist.

Inzidenzraten sind lediglich Ersatzparameter, die keine sinnvollen Aussagen über die tatsächliche Gefährdungslage ermöglichen. Krankenhausbelegungen und Todesraten sind dagegen harte Endpunkte. Doch keiner dieser harten Endpunkte wurde durch Lockdown-Maßnahmen relevant verbessert, während deren massive Nebenwirkungen mit den Händen zu greifen sind.

Evidenzbasierte Medizin – der Studien-TÜV

Wenn Studien helfen sollen, die Welt besser zu verstehen, müssen sie sauber und hochwertig sein. Doch nicht nur für Laien, sondern auch für Profis ist es manchmal schwierig, Qualität und Seriosität von Studien zu erkennen. Deshalb wurde in der Medizin von klugen Leuten eine Art

Studien-TÜV eingeführt, mit dem man auf einen Blick die Aussagekraft einer Studie erkennen kann. Dieser TÜV heißt Evidenzbasierte Medizin (EBM). Sie arbeitet nach einem klar definierten Bewertungssystem, mit dem Studien dann Qualitätsgrade erhalten. Heutige Behandlungsleitlinien müssen Studien, die sie für Therapieempfehlungen heranziehen, vorher nach den Kriterien der EBM bewertet haben. Sie gelten dann als „Evidenzbasierte Leitlinien" und sind die höchste wissenschaftliche Instanz, wenn es um die Bewertung medizinischer Behandlungen geht. Aber auch hier ist es wichtig zu verstehen, dass Studien mit hohen Bewertungsgraden nicht für die Wahrheit stehen, sondern als Wegweiser, mit dem sich mit einer gewissen Wahrscheinlichkeit die gewünschten Ziele erreichen lassen. Eine schlechte Studie kann, wie ein Wahrsager, auch einmal richtig liegen. Aber verlassen sollte man sich darauf lieber nicht.

Ausgrenzung von Verstand

Durch diese Herangehensweise hat sich die Evidenzbasierte Medizin zu einem segensreichen Instrument entwickelt, mit dem inzwischen unzählige Verbesserungen in der Medizin durchgesetzt wurden. Vor allem, weil sie unnütze bis schädliche Therapien gut identifizieren kann. Das Netzwerk evidenzbasierte Medizin Deutschland, von deren Mitgliedern ich einige seit Jahren persönlich kenne, hat im Rahmen der Corona-Krise von Anfang an darauf hingewiesen, dass es in keiner Weise gesicherte Erkenntnisse und Daten (Evidenz) gibt, mit denen man die wirkliche Gefahr durch die Corona-Infektion sowie den Nutzen der Schutzmaßnahmen einschätzen könnte. Auch dürfe der mögliche Schaden der Maßnahmen nicht aus dem Blickfeld geraten. Sie wiesen besonders darauf hin, dass es von Anfang an unterlassen wurde, durch eine solide wissenschaftliche Begleitung diese Evidenz zu ermitteln. Doch prominente Vertreter der evidenzbasierten Erkenntnisgewinnung, wie Frau Prof. Dr. Ingrid Mühlhauser, Prof. Dr. Andreas Sönnichsen oder auch Prof. Dr. Matthias Schrappe und Prof. Dr. Gerd Antes, wurden konsequent aus den Beratergremien der Regierung ferngehalten. Sie müssen sich immer noch auf Nebenwegen mühsam Gehör verschaffen.

Wissenschaft ist keine Bühne für Selbstdarsteller

Der wissenschaftliche Erkenntnisweg erfolgt über den sachlichen Austausch von gegensätzlichen Positionen. Doch Wissenschaftler sind auch nur Menschen, denen Emotionen, von Stolz bis zu Eitelkeit, nicht fremd sind. Es spricht nichts dagegen, wenn Wissenschaftler ihre Argumente leidenschaftlich auf einer öffentlichen Bühne vertreten. Wer dabei jedoch herablassend, beleidigend oder autoritär auftritt, ist an neuer Erkenntnis nicht interessiert.

Sprache und Form, wie Wissenschaftler sich in die Diskussion einbringen, verrät viel über die eigene Grundmotivation. Die führenden Köpfe der Lockdown-Befürworter fielen durch viele emotionale, ja alarmistische Wort- und Schriftmeldungen in Talkshows und den sozialen Medien auf. Komplexe Arbeiten mit sauberer Nennung der Quellen waren die Ausnahme. Die führenden Köpfe eines Evidenzbasierten Ansatzes dagegen bevorzugen die sachliche Argumentation anhand nachprüfbarer Quellen und präsentieren diese in Form hochwertiger, gut belegter Thesenpapiere. Wie beispielsweise die inzwischen sieben Corona-Veröffentlichungen des interdisziplinären Expertenteams um Prof. Schrappe, die CoDAG-Berichte der LMU oder die Stellungnahmen des Deutschen Netzwerks Evidenzbasierte Medizin.

Bezeichnend ist, wie Prof. Christian Drosten auf eine solche sachliche Stellungnahme auf Twitter reagiert: „Im Ernst? Ich finde diesen Text polemisch und emotional, sicherlich nicht evidenzbasiert." Das klingt eher nach gefühlter Majestätsbeleidigung als nach dem Willen, gute Argumente mit besseren entkräften zu wollen, insbesondere wenn sie nicht das eigene Fachgebiet betreffen. Auch was die Fähigkeit betrifft, aus eigenen Fehlern zu lernen, besteht bei Prof. Drosten Nachholbedarf. Im Falle der Schweinegrippe warnte er ebenfalls vor apokalyptischen Zuständen und empfahl den hochproblematischen Impfstoff Pandemrix. Bis heute habe ich von ihm kein Wort vernommen, wie es zu seiner grotesken Fehleinschätzung kam, geschweige denn, was er daraus gelernt hat. Fachfremdheit und fehlende Selbstkritik sind eine gefährliche Mischung nicht nur in der Medizin. Wer sich in einer Krise auf solche Experten verlässt, bei dem sind folgenschwere Fehlentscheidungen geradezu programmiert.

Wes Brot ich ess, des Lied ich sing

Besonders finanzielle Fremdinteressen stören den wissenschaftlichen Erkenntnisprozess. Es ist seltsam, ich kenne keine vom Hersteller finanzierte Medikamentenstudie, die zu einem negativen Ergebnis kommt. Das ist bei den neuen Corona-Impfstoffen nicht anders. Auch wenn die Politik Forschungen beauftragt, und das tut sie als der Hauptauftraggeber noch vor der Industrie, weiß man eigentlich das Ergebnis schon vorher. Sämtliche Corona-Studien über Masken oder Lockdowns haben die Maßnahmen als nützlich bewertet. Das ist kein Zufall. Die Möglichkeiten, Studien zu beeinflussen, sind vielfältig.

Beide, Industrie und Politik, tun sich auch gerne zusammen, um voneinander zu profitieren. Wenn es dabei transparent und gesetzeskonform zugeht, dann ist dies auch nicht zu beanstanden. Aber was ist vom Anstand eines Politikers zu halten, der morgens noch der Bevölkerung vorschreibt, sich von Verwandten und Freunden fernzuhalten, um sich am selben Tag mit Industrievertretern zum Spendenabendessen zu treffen? Pech für Jens Spahn, dass der Vorfall vom 20. Oktober 2020 im Februar 2021 aufflog. Die Gästeliste ist nicht bekannt. Als „Eintrittsgeld" wurden jeweils 9.999 Euro direkt auf das Parteikonto von Spahns Wahlkreis überwiesen. Nicht zufällig, denn Parteispenden müssen erst ab 10.000 Euro bekanntgemacht werden.

Der Medien liebster Corona-Experte

Ein gutes Beispiel für den schönen wissenschaftlichen Schein, hinter dem sich knallharte Lobbyinteressen verbergen, ist der in den Talkshows dauerpräsente Gesundheitsexperte der SPD, Prof. Karl Lauterbach. Angefangen mit seiner mehr als fragwürdigen Berufung auf einen neugeschaffenen Lehrstuhl für Gesundheitsökonomie. Ohne die üblichen Qualifikationen dafür vorweisen zu können, wertete die Universität Köln seine Harvard-Doktorarbeit als ausreichenden Qualitätsnachweis. Eine Arbeit, die jahrzehntelang verschlossen blieb, bis er sie auf massiven Druck endlich offenlegen musste. Sie ist ein Witz. Der renommierte Historiker Prof. Michael Wolffsohn meint dazu, eine solche Arbeit würde er nicht einmal als profane Seminararbeit seiner Studenten durchgehen lassen. Auch Prof. Lauterbachs weitere Publikationen strotzen vor spekulativen Behauptungen und unprofessioneller Quellenverwendung. Das ist deswegen relevant, weil sich Karl Lauterbach, sobald er seinen Professorentitel erhielt, massiv für Medikamente des Pharmariesen Bayer AG einsetzte, der wiederum zu jener Zeit einen Sponsorenvertrag mit der Universität Köln abschloss, der bis heute nicht offengelegt wird. Die Medikamente wie Lipobay oder Reductil erwiesen sich alle als gefährlich und mussten vom Markt genommen werden. Es sind Patienten deshalb gestorben. Als ich Prof. Lauterbach 2012 in einer Maischberger-Talkshow direkt mit seiner Verantwortung für diese Toten konfrontierte, wollte er nichts davon wissen. Des Weiteren war er der Spiritus rector hinter den Gesundheitsreformen unter Ministerin Ulla Schmidt zugunsten privater Klinikketten. Lauterbach saß zu dieser Zeit gut dotiert im Aufsichtsrat der privaten Rhön-Kliniken. Zusammen mit Brigitte Mohn, der Chefin der Bertelsmann-Stiftung, die ganz maßgeblich dazu beigetragen hat, dass unser solidarisches Gesundheitssystem zunehmend privatisiert wird. Das in Kapitel 13 beschriebene Corona-Pflegedrama hat sehr viel mit dieser Fehlentwicklung zu tun.

Im Laufe der Corona-Krise wurden die wirklichkeitsfremden Warnungen Lauterbachs immer schriller. Angesichts der „dritten Welle" twitterte er zum Beispiel am 26.3.2021: „Viele 40–80-Jährige werden einen Moment der Unachtsamkeit mit dem Tod oder Invalidität bezahlen. Junge Männer werden von Sportlern zu Lungenkranken mit Potenzproblemen." Fern jeder verantwortungsbewussten Aufklärung wirkt Lauterbach inzwischen auf mich eher wie die Karikatur eines Experten.

Die zweite Säule der Vernunft: Die Intuition
Bei all den unschönen Störfaktoren und dem anstrengenden Zweifel hat es der Verstand nicht immer leicht. Doch uns steht ein zweites, überaus leistungsfähiges Bewertungssystem zur Verfügung. Es ist uralt und funktioniert völlig mühelos wie von selbst. Wir können nämlich auch anhand unserer Gefühle erkennen bzw. spüren, ob etwas richtig oder falsch ist. Grundlage dafür ist die Gesamtheit all unserer Erfahrungen, die bis ins kleinste Detail unbewusst in unserem Gehirn in einer Art Super-Megacomputer gespeichert werden. Sie dienen als Vergleichshilfen, mit der wir

eine Situation als positiv oder gefährlich erkennen können. Die Psychologie nennt dieses System das Selbst, man kann ebenso Intuition, Bauchgefühl oder gesunder Menschenverstand dazu sagen.

Um zu neuen Erkenntnissen zu gelangen, leistet dieses System Erstaunliches. Denn über Wahrnehmungen unserer Sinne kann es erkennen, ob eine These stimmt oder nicht. Stellen Sie sich einmal vor, Sie leben am Hafen einer Wikingerstadt. In der nordischen Mythologie hat Midgard, die Welt der Menschen, eine flache Scheibenform, die von riesigen Meeren umflossen wird. Sie haben vielen Schiffen beim Davonsegeln zugeschaut. Zuerst verschwindet der Rumpf und danach erst die Mastspitze. Sie nehmen dies seit Jahren unbewusst wahr. Irgendwann kommt Ihnen ein Gedankenblitz: Die Erde ist keine flache Scheibe, sie muss gekrümmt sein! Diese Idee kommt bei manchen nie, bei anderen dauert's und besonders Schlaue merken es gleich. So erkennen wir mit unseren Sinnen, ob ein Erklärungsmodell der Wirklichkeit standhält oder eben nicht. Vielleicht waren Seefahrer die ersten, die auf die Idee kamen, dass die Erde eine Kugel ist. Ganz ohne Statistik, ganz ohne Anstrengung, rein mit der Kraft ihrer intuitiven Einschätzung. Immanuel Kant ordnet deshalb der Verarbeitung des Sinnlichen einen hohen Stellenwert zu. Denn es sind vor allem Sinneseindrücke, die Wissenschaftler motivieren, Glaubenssätze anzuzweifeln, neue Wege einzuschlagen und bessere Erklärungsmodelle zu entwickeln.

Das Modell der Vernunft
Über die Wahrnehmungen der Sinne wurde lange die Nase gerümpft. Sehen, riechen, schmecken, hören, tasten, alles viel zu profan, das kann ja jeder. Immanuel Kant sah das anders. Er beschreibt Vernunft als den besten Erkenntnisweg, weil sie Sinneswahrnehmung explizit nutzt, um den Verstand zu überprüfen. Für viele studierte Zeitgenossen ein ungehöriger Gedanke. Einfacher ausgedrückt, alles was der Verstand behauptet, muss in Wirklichkeit durch das tatsächliche Erleben auch erfahrbar, ja spürbar sein. Und das können auch Laura und Elias Normalverbraucher sehr wohl beurteilen, liebe Corona-Gelehrte! Die moderne psychologische Persönlichkeitsforschung hat dazu ein wunderbares Modell entwickelt,

welches als „Rationale Intuition" bezeichnet wird. Es basiert auf dem langjährigen ungestörten Austausch zwischen Verstand und Gefühl, die gegenseitig voneinander profitieren.

Auch Gefühle können trügen

Denn nicht nur der Verstand kann uns täuschen, auch ein Gefühl kann trügerisch sein. Wenn wir rein auf Gefühlsbasis Mitmenschen oder Situationen bewerten, dann können wir auch danebenliegen. Es handelt sich genau genommen ja um emotionale Vorurteile. Negative Einschätzungen basieren häufig auf einer Angst vor dem Fremden. Diese Angst ist evolutionär verankert und half uns in der Natur, Vertrautes und potentiell Gefährliches zu unterscheiden. Dafür müssen wir uns nicht schämen. Der Philosoph Hans-Georg Gadamer sieht Vorurteile sogar als notwendige Voraussetzung, die Welt besser zu verstehen. Und zwar immer dann, wenn wir Vorurteile als Chance begreifen, sie durch reale Erfahrung infrage zu stellen.

Dann zeigt sich der neue Nachbar, der uns seltsam vorkam, auf lange Sicht als der hilfsbereiteste und zuverlässigste Mensch, den man sich vorstellen kann. Oder nehmen wir das Beispiel Corona-Impfung. Aufgrund meiner Erfahrung mit dem Schweinegrippe-Impfstoff Pandemrix und der Tatsache, dass dieselben Institutionen und Personen, die damals uns Ärzte und die Öffentlichkeit getäuscht haben, nun die neuen Corona-Impfstoffe empfehlen, sagt mir meine Intuition: Vorsicht! Nicht schon wieder so ein überstürzt und mit Angstpropaganda zugelassener Impfstoff, der mehr Schaden anrichten wird als dass er Nutzen bringt. Zurzeit lehne ich diese Impfstoffe innerlich ab. Doch vielleicht sind sie toll und schützen tatsächlich vor ernsten Verläufen und Long-Covid-Problemen. Vielleicht haben sie auch auf lange Sicht eine sehr niedrige Nebenwirkungsrate. Dann sollte ich mit Hilfe meines Verstandes mein emotionales Vorurteil gegenüber diesen neuen Arzneistoffen revidieren. Und wie? Indem ich mit kritischem Blick die Ende 2021 hoffentlich vorhandenen gut gemachten ersten Langzeitstudien lese. Ich werde dann auch viele bereits geimpfte Menschen kennen und von deren Erfahrungen profitieren (diese Aufgabe käme eigentlich einer kleinen, kontrollierten Testgruppe in einer Phase-

3-Studie zu). Sollten sich gute Ergebnisse belegen lassen, ist es möglich, dass ich mich dann selbst impfen lasse.

You live, you learn

Wenn wir uns eingestehen, etwas zu negativ eingeschätzt zu haben, dann werden alle Details, die uns zu dieser positiveren Neubewertung führten, in unserem Gehirn abgespeichert, und zwar mit einem Stempel, auf dem „positiv" steht. Umgekehrt: Stellt sich heraus, dass wir Personen oder Situationen zu positiv eingeschätzt haben, dann werden diese neuen Erfahrungen mit dem Stempel „negativ" abgespeichert. So erweitern wir ständig unser Spektrum an Vergleichsmöglichkeiten, indem wir auch Irrtümer in einer konstruktiven Weise verarbeiten. Menschen, die das regelmäßig beherzigen, entwickeln eine reife und reflektierte Persönlichkeit. Der Verstand, mit seiner Fähigkeit, Zahlen, Fakten, Statistiken zur Wirklichkeitsbeschreibung heranzuziehen, ist dabei eine große Hilfe, um nicht auf die eigenen Vorurteile hereinzufallen.

Schuster, bleib bei deinen Leisten

Damit der gesunde Menschenverstand zu einer vernunftbasierten Entscheidung beitragen kann, sind allerdings ein paar Voraussetzungen notwendig. Die intuitive Einschätzung sollte sich auf Felder beziehen, auf denen man selbst möglichst viele Erfahrungen gemacht hat. Ob ein neuer Ofen gutes Brot backen wird, kann ein Bäcker beurteilen – und kein Schlosser. Wie sich eine Epidemie auf Patienten oder Pflegeheime auswirkt, kann intuitiv ein Hausarzt, besonders mit geriatrischer Erfahrung, einschätzen – und kein Modellrechner. Ein erfahrener Lehrer kann einschätzen, wie sich Schulschließungen und der Umstieg auf Online-Unterricht auf Dauer bei den Schülern auswirkt – und kein Virologe. Natürlich kann man nicht verlangen, dass Politiker sich auf allen Gebieten auskennen, in denen sie wichtige Entscheidungen treffen sollen. Aber es ist schon erstaunlich, dass Fachwissen bei der Auswahl von Ministern so gut wie gar keine Rolle mehr spielt. Man muss dann hoffen, dass Minister wenigstens über die reife Persönlichkeit verfügen, zu erkennen, welche Experten zu welchen Themen etwas Substantielles zu sagen haben und wo man lieber auf andere hören sollte. Erst recht sollten fachfremde Minister gegenüber Warnungen ihrer erfahrenen Ministerialbeamten offen sein, anstatt sie abzublocken wie Minister Seehofer im Fall Stephan Kohn.

Große Entscheidungen fallen mit dem Bauch
Rationale Intuition bedeutet: Sind Menschen in der Lage, aus ihren eigenen Fehlern zu lernen, und öffnen sie sich neuen Erkenntnissen, anstatt sie abzublocken, dann bauen sie über die Jahre eine emotionale Intelligenz auf, die auch in unübersichtlichen Situationen eine schnelle und treffsichere Einschätzung ermöglicht. Es ist ein Mythos, dass die wichtigen Entscheidungen, selbst großer Konzerne, auf Grundlage von Excel-Tabellen und Statistiken getroffen werden. Studien können niemals alle relevanten Aspekte der Wirklichkeit erfassen. Am Ende des Tages braucht es die reife Persönlichkeit, die in der Lage ist, beide Bewertungssysteme für eine vernunftbasierte Entscheidung zusammenzuführen: die sorgfältig mit dem Verstand ermittelten Zahlen und die reiche Lebenserfahrung eines reflektierten Menschen.

Kurz: Vernunft entsteht aus der Kombination von Messungen und Bauchgefühlen. Für Verstand braucht es Fachwissen, für Vernunft jedoch auch Klugheit, und die erwirbt man nicht durch ein Studium, sondern durch Persönlichkeit.

Vernunft führt zu den besten Ergebnissen für alle
Der Soziologe Max Weber beschrieb vor 100 Jahren die ethische Komponente von Vernunft. Wer sich dafür interessiert, dass das Ergebnis seines Handelns einer Gemeinschaft wirklich nützt, handelt verantwortungsethisch. Und der beste Weg, diesen Nutzen zu erzielen, sind vernunftbasierte Entscheidungen. Auch wenn dies bedeutet, manchmal unpopuläre Entscheidungen treffen zu müssen. Wer sich dagegen nur für den schönen Schein interessiert und dafür in Kauf nimmt, dass das Ergebnis für die Gemeinschaft auf lange Sicht schädlich ist, der handelt gesinnungsethisch. Max Weber lebte zugegebenermaßen noch nicht in Zeiten des Shitstorms und der neuen Medien, aber die Bedeutung von Verantwortung ist universell: sich die Folgen seines Tuns vorher klarzumachen.

Gesellschaften ohne Vernunft scheitern

Die Aufklärung hatte es in den letzten Jahrhunderten nicht immer leicht. Die Gegner der Vernunft heißen Gier, Neid, Korruption. Sie können gute Erkenntnisse jahrelang blockieren, siehe Semmelweis-Reflex. Berühmt ist das Zitat des Physikers Max Planck, der vor 100 Jahren frustriert feststellte: „Eine Wahrheit in der Wissenschaft triumphiert nie, nur die Gegner sterben aus." Als Schüler stellte ich mir Wissenschaft als eine Art Tafelrunde vor, in der die führenden Köpfe ihre Erkenntnisse diskutieren und dann die besten Argumente von allen akzeptiert werden. Doch in der Realität dominieren oft Platzhirsche die Wissenschaftswelt, die auf Biegen und Brechen nur die eigenen Glaubenssätze zulassen. Wenn aber in einer Gesellschaft die offene Kritik an Fehlleistungen möglich ist, setzen sich nach einer Weile bessere Erkenntnisse doch durch. In der Realität ist Wissenschaft deshalb so etwas wie Religion auf Zeit, in der ein falscher Glaubenssatz sich lange halten kann, bevor er schließlich doch durch etwas Besseres abgelöst wird. Bevor der Irrtum in einem gesellschaftlichen Desaster endet.

Doch einen Gegner sollte die Aufklärung fürchten. Er grenzt Vernunft und Kompetenz dauerhaft aus. Die Folgen sind immer die gleichen: ein Rückfall in Willkür, Unterdrückung und Unmündigkeit. Dieser Gegner ist der größte Feind der Demokratie. Immer dann, wenn eine Gesellschaft sich für diesen Weg entschied, ging es schief. Wir sind drauf und dran, diesen Fehler schon wieder zu begehen.

Kapitel 17
Moralismus und seine zerstörerische Wirkung

Woher speist sich eigentlich die erschreckende Aggressivität gegenüber Kritikern der Corona-Politik? Was steckt wirklich hinter den vielen Denunziationen und Übergriffigkeiten? Warum wurden Menschen, die sich konkrete Sorgen machten, ob nicht die Maßnahmen unsere Gesellschaft viel mehr bedrohen als das Virus selbst, medial komplett ausgegrenzt, von der Politik als Staatsfeinde abqualifiziert, die man von der Gesellschaft „absondern" müsse (dieses Wort gebrauchte unter anderem der baden-württembergische Innenminister Strobl, dem es ganz offenbar an historischer Sensibilität mangelt)? Wieso wurde im Falle der Demonstrationen der Maßnahmengegner Polizeigewalt angewendet, von Wasserwerfern bis hin zu brutalen Festnahmen? Es gibt Videoaufnahmen, zum Beispiel des Journalisten Boris Reitschuster, die zeigen, dass friedliche Demonstranten herausgegriffen, zu Boden geworfen, Knie in den Rücken gedrückt, die Hände auf dem Rücken gefesselt und dann abgeführt wurden. Das unterscheidet sich kaum von der tödlichen Festnahme von George Floyd in den USA, die der „Black Lives Matter"-Bewegung weltweite Aufmerksamkeit bescherte. Doch gegen Corona-Demonstranten wurde diese Brutalität medial und politisch nicht nur gerechtfertigt, sondern sogar zynisch begrüßt. Auch anerkannte wissenschaftliche Persönlichkeiten traf diese Häme und Härte. Welche Kraft steckt hinter diesem undemokratischen, eher an autoritäre Gesellschaften erinnernden Umgang mit den Gegnern der Corona-Schutzmaßnahmen? Die Erklärung lautet: weil sich Menschen dadurch besser fühlen. Es handelt sich um ein Phänomen, welches die Evolutionssoziologie als Gruppenmoral beschreibt.

Die leise Moral der Vernunft
Moralisch zu handeln, hört sich zunächst gut an. Wer moralisch handelt, will Schwächeren helfen. Doch woher kommt dieser Antrieb, der doch dem evolutionären Gesetz, dass sich nur der Stärkere durchsetzt, offenbar wi-

derspricht? Schauen wir uns die Motivationen, moralisch zu handeln, etwas genauer an.

Wenn Menschen aus eigenem Antrieb heraus teilen und andere Menschen unterstützen, dann macht das aus evolutionärer Sicht durchaus Sinn. Teilen die Jäger ihre Beute mit Familien, die weniger Jagdglück hatten, dann steigt die Chance der eigenen Familie, auch dann mitversorgt zu werden, wenn sie selbst einmal ohne Beute zurückkehren. Das menschliche Verhalten vorausschauend zu teilen, erzeugt eine sinnvolle Win-win-Situation, von der alle profitieren. Auf diese Weise übernimmt man gegenseitig Verantwortung füreinander. Eine solche Moral ist vernünftig, leise und zurückhaltend.

Die laute Moral der höheren Werte

Doch nicht immer hat scheinbar Gutgemeintes das Wohlergehen *aller* im Blick. Denn schließlich musste der Mensch, je erfolgreicher er sich gegenüber anderen Arten im Verteilungskampf durchsetzte, vor allem einen Gegner fürchten: seine Artgenossen. Er nutzte deshalb Moral zunehmend auch dazu, andere Menschen zu unterdrücken. Wie muss man sich das genauer vorstellen?

Je größer die Gruppen wurden, in denen Menschen lebten, desto erfolgreicher mussten sie sich gegen das Nachbardorf im Verteilungskampf wehren. Und da sich nur die Stärkeren durchsetzen, bildeten sich Verhaltensweisen aus, die die Gruppe stark machen. Zu diesem Zweck entwickelte der Homo sapiens eine Identität stiftende Gruppenmoral, mit der sich die Gruppe über andere moralisch als die Besseren stellen konnte.

Mit dem Gefühl, Teil einer moralisch überlegenen Gruppe zu sein, lässt sich der Gegner als „Untermensch" einordnen. Durch diese Entmenschlichung des Gegners sinkt im Kampf der Tötungsskrupel und man kann so die eigenen Vorteile rücksichtsloser durchsetzen. Deshalb erzeugt eine Gruppenmoral zwangsläufig eine Doppelmoral, weil sie ohne moralische Herabsetzung des Gegners ihre Durchschlagskraft verliert.

Hier wird der wahre Charakter eines gesinnungsethischen Vorgehens deutlich. Es geht gar nicht darum, ein gutes Ergebnis zu erzielen, von dem alle profitieren. Es geht darum, den schönen Schein dazu zu nutzen, seine eigene Gruppe möglichst schlagkräftig darauf einzuschwören, skrupellos die eigenen Interessen auf Kosten anderer durchzusetzen. Und das paradoxerweise im Namen angeblich höherer Werte. Früher ging es um Jagdgebiete oder Wasserquellen. Heute nutzen Menschen Gesinnungsethik, um Stellung, Karriere, Macht, Einfluss gesellschaftlich durchzusetzen. Sie merken nicht, dass sie einem primitiven Unterdrückungstrieb aus der Steinzeit folgen. Nennen wir deshalb diese Moral besser Moralismus. Damit sie ihre Wirkung entfalten kann, muss sie möglichst laut und aufdringlich daherkommen.

Mit Gruppenmoralismus ist nicht zu spaßen
Es gibt kaum etwas Gefährlicheres als die autoritäre Aufforderung, für eine „gute Sache" Grenzen zu überschreiten. Im berühmt-berüchtigten Milgram-Experiment aus den 1960ern folterten ganz normale Probanden eine ihnen fremde Person, nur weil der Versuchsleiter felsenfest versicherte, dass es sich um ein sehr wichtiges Experiment für eine gute Sache handelte (der „Gefolterte" war natürlich in diesem Experiment ein Schauspieler). In der Menschheitsgeschichte hatte Gruppenmoralismus immer schon eine verheerende Wirkung. Das feindliche Objekt wechselt dabei je nach Zeitgeist, von der Hexenverfolgung bis hin zu politischen, ethnischen oder religiösen Säuberungen. Stets im Namen des richtigen Gottes, der Herkunft oder Weltanschauung. Der Begründer der modernen Psychologie, Sigmund Freud, beschreibt diese Kraft in „Das Unbehagen in der Kultur" folgendermaßen: „... (dass) es leicht möglich (ist), eine größere Menge Menschen in Liebe aneinanderzubinden, wenn nur andere für die Äußerung der Aggression übrigbleiben."

Man muss sich über die Skrupellosigkeit dieses evolutionär verankerten Überlebenstriebs im Klaren sein, um zu verstehen, dass man mit Moralisten nicht diskutieren kann. Ihr Ziel ist die Ausschaltung des Gegners, das ist der evolutionäre Zweck. Es geht nicht um Erkenntnis, sondern um die gesellschaftliche Hackordnung. Oder wie ist es anders zu verstehen, wenn Prof. Dr. Wolfram Henn, Mitglied des Ethikrats (!), allen Ernstes vorschlägt, dass Impfverweigerer (einer experimentellen Impfung, wohlbemerkt) im Erkrankungsfall auf alle Notfallbehandlungen verzichten sollen?

Von Siegern und Verlierern

Moralistisches Wirken wurde mir erstmalig bewusst durch die Beratung von übergewichtigen Patienten. Sie erzählten mir von unerfreulichen Situationen, in denen sie als Mensch wegen ihres Gewichts herabgesetzt wurden. Die wissenschaftliche Erkenntnislage zeigt ziemlich eindeutig, dass dicke Menschen überwiegend nicht schuld an ihrem Gewicht sind. Dennoch hat sich die Gesellschaft dafür entschieden, dass man dicke Menschen benachteiligen und ihnen in aller Öffentlichkeit mit Häme begegnen darf. Auch in den Medien wird kräftig ausgeteilt. Dicke Menschen sollen Hüftoperationen selbst zahlen (dabei sind es vor allem die ehemaligen Hobbyfußballer, die künstliche Gelenke brauchen), sie würden nur Junkfood essen, zu viel Auto fahren und seien deshalb schuld am Klimawandel, man solle sich von ihnen fernhalten, denn ihre Nähe verleite andere Menschen dazu, selbst dick zu werden. Alles Originalschlagzeilen der letzten Jahre. Anhand solcher längst widerlegten Gemeinheiten dürfen sich Schlanke als Sieger fühlen, weil sie glauben, ihr schlanker Körper sei ihr Verdienst. Dicke jedoch gelten als Verlierer, weil ihr Körper ihr Versagen beweist. Erkläre ich dicken Menschen die tatsächlichen Zusammenhänge, lösen sich oft viele angestaute Tränen. Schlanke, die sich gerne über Dicke erhöhen, reagieren dagegen oft empört. Wer trennt sich schon gerne von dem schönen Überlegenheitsgefühl?

Aus berechtigten Anliegen werden totalitäre Utopien

Manchmal wirbt der Gruppenmoralismus um Anhänger ganz offen mit der Unterdrückung anderer, aus Gründen der Religion, der Hautfarbe oder der Herkunft. Weil es „das Beste für die Menschheit" sei, wenn sich die eigene „Überlegenheit" durchsetzt. Ein solcher Gruppenmoralismus ist leicht erkennbar in Form von Rassismus, Faschismus oder religiösem Fanatismus.

Manchmal jedoch tarnt er sich viel subtiler. Dann stellt er sich an die Spitze berechtigter Anliegen, die er zu totalitären Utopien überhöht. Dazu benötigt er Opfergruppen, in deren Namen, meist ungefragt, er dann lautstark seine Gegner moralisch unter Druck setzt. Das weitere Vorgehen ist seit Jahrtausenden immer dasselbe: das autoritäre Durchsetzen einer höheren Wahrheit. Untergangsängste werden geschürt und ein Schuldkomplex eingetrichtert. Dann folgt das erlösende Heilsversprechen, welches jedoch unerreichbar, aber fantastisch klingen muss, denn sonst würde die Grundlage für die Mobilisierung einer fanatisierten Anhängerschar entfallen. Dann werden neue Regeln aufgestellt. Menschen, die sich unterordnen, werden Privilegien versprochen. Diejenigen, die sich dagegen wehren, werden ausgegrenzt.

Der Unterschied zwischen Verantwortung und Moralismus wird klar, wenn man die Ergebnisse in der Realität betrachtet. Dazu ein Beispiel. Die Sozialdemokratie hat die Lebensverhältnisse der Arbeiter seit 150 Jahren entscheidend verbessert, indem sie die vernünftigen Spielregeln eines demokratischen Rechtsstaats respektierte. Doch Moralisten geht es nicht um Verbesserungen, sondern um pure Macht. Radikale Gruppen unterwanderten zu diesem Zweck schon immer die Sozialdemokratie und nahmen sich im angeblichen Kampf für Gerechtigkeit das Recht heraus, diese Regeln zu brechen, Grenzen zu überschreiten und Massen zu fanatisieren. Die Folgen sind immer so etwas wie der reale Sozialismus in der DDR, einem Unterdrückungsstaat, der Kritiker verfolgte, tötete und in dem es Wohlstand nur für eine kleine Funktionärskaste gab. Denn der Einsatz für Opfer und die hehren Ziele sind nur Fassade. In Wirklichkeit geht es nur um das, was der eigenen Gruppe Vorteile verschafft.

Das Jahrhundert der zerstörerischen Ideologien

Das 20. Jahrhundert war geprägt von den enormen, zerstörerischen Kräften gruppenmoralistischer Ideologien: Chauvinismus, Stalinismus und vor allem der Faschismus, der Völkermord im industriellen Ausmaß verübte. Aber auch der Raubtierkapitalismus, der aus Ehrgeiz pure Gier macht, zieht seine Schneise der Zerstörung durch dieses Jahrhundert. Immer dabei: der Antisemitismus, der sich besonders gut eignet, um Feindbilder zu schüren. Und der doch nichts anderes ist als Neid auf eine erfolgreiche ethnisch-religiöse Gruppe.

All diese Ideologien stecken stets im Korsett ihrer autoritären Wahrheiten fest. Sie sind reformunfähig, weil sie ihre Kritiker in Lager stecken, anstatt auf deren Argumente zu hören. Sie leben immer von der Substanz und müssen letztlich scheitern. Die Zeche zahlen vor allem die kleinen Leute. Ob sie infolge eines Börsenkrachs ihre Existenz oder nach Weltkriegen ihr Zuhause verlieren oder aufgrund von Mangelwirtschaft verhungern. Ein Freund erzählte mir von seinem früheren Geschichtslehrer, der seine Schüler stets davor warnte, auf einen -ismus hereinzufallen. Ein kluger Mann.

Erfolgsmodell BRD

Aus den Trümmern der Ideologien entstand in Deutschland ein Land, welches Wohlstand, Freiheit, Sicherheit und soziale Absicherung in einem vorher nie dagewesenen Maße ermöglichte. Grundlage waren keine Utopien, sondern pragmatische, vernünftige Lösungen, mit denen man rechnen darf, wenn ein Land auf die Freiheit und Kreativität seiner Bürger in einem gerechten, sozialen Ordnungsrahmen setzt. Alt-Kanzler Helmut Schmidt meinte nicht ohne Grund, dass Menschen mit Visionen besser zum Arzt (anstatt in die Politik) gehen sollten.

So entstand die soziale Marktwirtschaft, deren Rückgrat die vielen kleinen und mittleren mittelständischen Unternehmen sind, die die meisten Steuern und die meisten Arbeitsplätze sichern. Es sind genau diese Unternehmen, die je nach Branche in erhebliche Existenznöte durch die Corona-Schutzmaßnahmen geraten. Während neuerdings globale Konzerne, die schon lange Steuern und Produktion international optimieren, als „systemrelevant" regelmäßig mit Steuergeldern vorm Kollaps gerettet werden.

Da nie alles Gold ist, was glänzt, gab es in der BRD immer auch Fehlentwicklungen. Beispielsweise Umweltverschmutzung oder eine nur schleppende Umsetzung der Geschlechtergleichheit. Daraus entwickelten sich die mehr als berechtigte Umweltschutzbewegung und der Kampf für die Gleichberechtigung der Frau und später der gleichgeschlechtlichen Liebe. All diese positiven Veränderungen sind in westlichen Demokratien durchsetzbar, weil sie eine offene Debatte über Missstände zulassen und sich gute Lösungen per Wahl gewaltfrei durchsetzen lassen – auch wenn es manchmal etwas dauert.

Kapitel 18
Die Neopuritaner und die Verdrängung von Kompetenz

Ständig wird die Vergangenheit beschworen, werden Gedenktage abgehalten. Doch lernen wir wirklich aus ihr? Schon wieder werden berechtigte Anliegen für ganz andere Zwecke benutzt. Die überaus wichtige Umweltbewegung wurde verdrängt von einem utopischen Ökologismus und aus dem Einsatz für Geschlechtergerechtigkeit entstand der Feminismus und dann der moderne Genderismus (Gender-Mainstreaming). Allein: Moderne, fehlerfreie Kraftwerke abzuschalten, ohne zu wissen, wo der Strom herkommen soll, außer von veralteten Kernkraftwerken aus dem Ausland, oder 14-Jährigen einzureden, sie könnten ihr Geschlecht wechseln wie ihre Schuhe, löst kein einziges Problem, sondern schafft neue. Doch Inkompetenz und Wirklichkeitsverneinung sind kein Zufall, sondern die unmittelbare Folge, wenn wichtige Themen moralistisch vereinnahmt werden.

Kompetenz – der natürliche Feind des Moralismus

Nichts fürchtet die moralistische Deutungshoheit mehr als Kompetenz. Wer Moralapostel mit der Wirklichkeit konfrontiert, holt sie schnell auf den Boden der Tatsachen zurück. Da die Gegenargumente fehlen, reagieren sie darauf mit offener Diffamierung der Persönlichkeit, um Gegner in der Öffentlichkeit mundtot zu machen. Dies funktioniert inzwischen beängstigend gut. Viele Sachkundige in Ämtern, Redaktionen, Schulen, Universitäten und Unternehmen erlebten bereits, wie man sie als Außenseiter, Leugner oder Ketzer kaltstellt, nachdem sie sich, fachlich fundiert, zu den Themen Energie, Klima oder auch Einwanderung nicht meinungskonform äußerten. Im vorausgehenden Kapitel wurde beschrieben, warum sich Moralisten nie mit dem Erreichten zufriedengeben, denn das Ziel ist die komplette Ausschaltung des Gegners. Dieser evolutionär verankerte Verdrängungstrieb erreichte in den letzten Jahren eine neue Eskalationsstufe.

Die neuen Tugendwächter

Haben Sie schon einmal von Wokeness gehört? Im Gabler Wirtschaftslexikon 2021 steht dazu: „Wokeness ist die Haltung und Bewegung der Wachheit und Wachsamkeit. Man verfolgt aufmerksam das Geschehen in der Welt und will Antisemitismus, Rassismus, Sexismus, Gewalt, Umweltzerstörung, Massentierhaltung und andere Übel daraus entfernen, indem man seine Stimme erhebt, in den Massenmedien und in den sozialen Medien, auf der Straße und auf den Plätzen, in Schulen, Hochschulen und Unternehmen."

Aus diesem unerschöpflichen Arsenal an Opfern lässt sich immer jemand finden, in dessen Namen man sich wichtig machen kann. Das nennt man übrigens heute Identitätspolitik und ist der Freifahrtschein, schon beim kleinsten Anzeichen eines Verstoßes gegen den geltenden Moralkodex über jeden im Rudel herzufallen. Es geht inzwischen ganz offen um die Vernichtung der Integrität selbst honorigster Personen. Im Netz und in Form von Mahnwachen werden regelrechte Tribunale gegen die „Sünder" abgehalten, die auch vor tätlichen Übergriffen sogar gegen deren Familien nicht Halt machen. Mit dem Stempel „Nazi", „Sexist" oder „Rassist" verlieren die so Verfemten immer öfter ihre gesellschaftliche Stellung. Und das Ganze rückwirkend: Selbst Shakespeare, Goethe oder Kant geraten ins Visier der neuen Tugendwächter. Wer woke ist, gilt als angesagt, und die Jugendorganisationen der Parteien von der Grünen Jugend bis zu den Jungen Liberalen wollen da ganz vorne mit dabei sein. Die Jusos wollten dafür sogar politische Urgesteine wie den ehemaligen Bundestagspräsidenten Wolfgang Thierse opfern, nur weil er es gewagt hatte, die aktuelle Gesprächs- und Debattenkultur zu kritisieren.

Dieses Engagement junger Journalisten und politischen Aktivisten ist alles andere als harmlos. Eigentlich ist es zum Lachen, wenn Namen und Begriffe von Mohrenstraße bis Zigeunerschnitzel Empörungswellen auslösen, aber sie können inzwischen Karrieren kosten. Auch dass Kinderbücher wie die herrlich anarchische Pippi Langstrumpf oder Jim Knopf und die Wilde 13 von ihren Verlagen inzwischen sprachlich gesäubert werden, tut weh. Wer sich etwa beim Fasching im Indianerkostüm fotografieren lässt oder zu Dreikönig das Gesicht eines der Weisen aus dem Morgenland schwarz anmalt, betreibt „kulturelle Aneignung" oder bedient „rassistische Klischees" und muss sich öffentlich rechtfertigen. Inzwischen richten sich die neuen Tugendwächter auch gegen ihre Förderer. Die Berliner Spitzenkandidatin der Grünen geriet ebenfalls auf die Anklagebank. Ihr Vergehen? Sie hatte in einem Gespräch erwähnt, dass sie schon als Kind Indianerhäuptling werden wollte. Diese Kultur der Diskreditierung hat inzwischen einen Namen: Cancel Culture. Und die Liste der öffentlich Verfemten wird immer länger. Auf *Achgut.com* gibt es eine Rubrik: „Die Ausgestoßenen der Woche". Man kann nur staunen, wen es schon getroffen hat.

Die Einschüchterungsstrategie zeigt Erfolge. Der Meinungskorridor des Erlaubten ist empfindlich eingeengt. Bei einer Allensbach-Umfrage vor einem Jahr stimmten lediglich 18 Prozent der Aussage zu, man könne sich „in der Öffentlichkeit und im Internet zu allem frei äußern." 58 Prozent sagten hingegen, man müsse bei einigen Themen vorsichtig sein; 20 Prozent hielten Vorsicht sogar „bei allen Themen" für geboten. Natürlich ist es im Deutschland des 21. Jahrhunderts nicht verboten, seine Meinung zu sagen. Doch der Preis steigt, den man dafür zu zahlen hat.

Die Ausbreitung moralistischer Inkompetenz-Netzwerke
Verantwortlich handelnde Institutionen müssten dieser Entwicklung eigentlich entschieden entgegentreten. Doch das Problem ist, dass die neuen autoritären Kräfte in den gesamten, westlich geprägten Demokratien von Europa über die USA bis Australien so erfolgreich sind, dass ihre irrationalen Forderungen nicht nur toleriert, sondern gegen jeden naturwissenschaftlichen Sachverstand gefördert werden.

Wer heute Karriere machen möchte, schaltet seine Zweifel an den neuen Wahrheiten deshalb besser ab und erkennt sie an. Auch wenn sie noch so unsinnig sind. Sachwissen stört heute den gesellschaftlichen Aufstieg, während die woken Tugendwächter in der gesellschaftlichen Hierarchie immer weiter nach oben klettern. So wirkt dieser Gruppenmoralismus tief in die Gesellschaft hinein. Im Zusammenspiel von Politik, den angeschlossenen Institutionen, den Chefredaktionen und den Wissenschaftsfunktionären, selbst Kirchen, entstehen auf diese Weise immer breitere Inkompetenz-Netzwerke, die sich gegenseitig protegieren. Was dann passiert, wenn eine tatsächliche Krise zu meistern ist, zeigt das Corona-Desaster. Derart in Inkompetenz trainierte Behörden und Institutionen müssen zwangsläufig versagen. Statt der Anwendung bewährter Standards zur Nutzen-Schaden-Analyse herrscht blankes Chaos, welches einen wesentlich größeren Schaden anrichtet, als es das Virus je gekonnt hätte.

Ein Virus wird moralisiert
Spätestens seit Corona sollte jedem klar werden, dass wir hier nicht über vorübergehende Spinnereien überdrehter Weltverbesserer reden. Denn selbst vor einem Virus macht diese Entwicklung nicht Halt und verhindert dadurch jede sachliche Diskussion.

Kurioserweise galt die Warnung vor dem Virus im Februar zunächst als rechte Propaganda, weil die Fraktionsvorsitzende der AfD, Alice Weidel, im Bundestag früh vor der Epidemie warnte. Doch im März löste das „Geheimpapier" des BMI die 180-Grad-Wende aus. Von da an wurde das Corona-Virus zur größten Bedrohung der Menschheit aufgebauscht. Die Utopie lautet „Null-Covid". Dass diese Strategie bei einer Zoonose wie Corona reiner Unsinn ist, spielt keine Rolle. Die Erlösung liegt nur in maximalen Schutzmaßnahmen. Sie brauchen keine sachliche Begründung, denn sie sind ein Gebot der Menschenliebe. Wer sie befolgt, darf auf „neue Freiheiten" hoffen, wer nicht, dem droht weiter der Entzug seiner Grundrechte. Die Aufnahme des Virus in den moralistischen Opferkanon erlaubte es, Kritiker der Maßnahmen auf eine Stufe zu stellen mit „Rassisten" oder „Klimaleugnern".

Schöne, griffige Slogans halfen, an dem nun gesetzten Absolutheitsanspruch keine Zweifel aufkommen zu lassen. Wie früher „planet over profit" oder „Kein Mensch ist illegal", dominierte schnell das Motto „Gesundheit vor Wirtschaft" die Debatte. Eine Differenzierung wurde als unethisch abgelehnt. Wie beispielsweise die Tatsache, dass der wirtschaftliche Wohlstand eines Landes immer mit der Leistungsfähigkeit des Gesundheitssystems und sogar direkt mit der Höhe der Lebenserwartung zusammenhängt. Weitere Beispiele sinnfreier Corona-Parolen lauten: Abstand ist Fürsorge, Distanz ist die wahre Nähe usw. Einer der ganz wenigen, dem noch erlaubt wurde, einen Schuss Vernunft öffentlich zu äußern, war der Bonner Virologe Prof. Hendrik Streeck. Doch Social-Media-Kampagnen wie #SterbenmitStreeck ließen nicht lange auf sich warten.

Von Mutanten zu Dilettanten

In diesem komplett verkorksten Umgang mit einer Pandemie wird alles dem Moralkodex unterworfen. Masken werden zum Erkennungssymbol der Guten, wer sie ablehnt, gilt als Feind der Menschheit. Auch der neue eigenartige Ellenbogengruß demonstriert das „neue Verantwortungsbewusstsein", während Händeschütteln und Umarmung den Dissidenten kennzeichnen. Viele dieser Prozesse laufen unbewusst ab. Dabei wird die Blase des maximal irrsinnigen Umgangs mit einer mittleren medizinischen Herausforderung immer größer. Sollte endlich die Wirklichkeit wieder eine Chance bekommen, dann werden sich viele eingestehen müssen, nackter als der sprichwörtliche Kaiser dazustehen. Doch nichts fürchten Moralisten und ihre Mitläufer mehr als ihre Enttarnung als Dilettanten. Lieber machen sie deshalb immer weiter, und immer weiter. Das ist der wahre Kern des Dauerwahnsinns, den wir alle erleben müssen. Wer verstehen möchte, wie es dazu kommen konnte, sollte deshalb die Augen vor dieser tiefen gruppenmoralistischen Fehlentwicklung unserer Gesellschaft nicht verschließen.

Übrigens: Keiner fragte die Corona-Risikogruppe, ob sie denn angesichts der massiven Folgeschäden tatsächlich derart übergriffig geschützt werden will. Viele Großeltern sehen, was der Lockdown mit ihren Kindern und Enkeln anstellte. Und finden es erschütternd, was angeblich in ihrem Namen an psychischen und wirtschaftlichen Schäden verursacht wird.

Alles schon dagewesen

Erinnert Sie das eigentlich auch an das alte Konzept der Erbsünde, mit der die Kirche einst ihre Gläubigen auf Spur hielt? Damals wurde das schlechte Gewissen gegenüber der natürlichen Sexualität als Druckmittel benutzt, Menschen gefügig zu machen. Bis wir uns endlich davon befreiten. Heute sind es biologische Unterschiede und die angeborene Vorsicht dem Fremden gegenüber, derentwegen Menschen sich zu schämen haben.

Was sich hier mit lautem Getöse tolerant nennt, bedient doch nur das alte puritanische Ressentiment in einem neuen Gewand. Früher durfte ein protestantischer Mann keine katholische Frau heiraten. Heute darf eine weiße Frau, und erst recht kein weißer Mann, das berühmte Gedicht der schwarzen Dichterin Amanda Gorman übersetzen. Auch wenn sie noch so qualifiziert dafür sind. Bildersturm, Pranger, Blockwarte, Denunzianten – alles schon dagewesen.

Vernunft ist sexy – Zwänge sind prüde

Ziel der Neopuritaner ist nichts anderes als die Durchsetzung einer Gegenaufklärung. Sie wird immer weiter die Selbstbestimmung des Einzelnen einengen und das Eingliedern in einen gesellschaftlichen Konformismus einfordern. Von wegen Vielfalt, diese Entwicklung wird immer mehr in Zwang und Freudlosigkeit münden. Heute reicht es schon, über einen Wochenmarkt zu gehen oder in die Einkaufsstraßen. Es macht immer weniger Spaß, sich dieser gedrückten Stimmung auszusetzen.

Es wird allerhöchste Zeit, dass die gesamte Mitte der Gesellschaft sich diese Fehlentwicklung bewusst macht und eine offene, angstfreie Diskussion darüber einfordert. Eine aufgeklärte, tolerante Gesellschaft lernt von der Wirklichkeit, anstatt sie zu negieren. Sie lebt von der Vernunft und nicht von Hysterie. Doch um wieder dahin zurückzukehren, gilt es, eine schwierige Hürde zu überwinden: die eigene Angst.

Teil 3

Kapitel 19
Die Angstgesellschaft

Der Gruppenmoralismus hat eine Schwester: die Angst. Denn wenn es nicht gelingt, Menschen für autoritäre Utopien zu begeistern, dann kann man sie wenigstens durch Angst am Nachdenken hindern. Doch wer Menschen unter Dauerangst setzt, geht große Risiken ein.

Unser inneres Alarmsystem
Um einer Bedrohung angemessen zu begegnen, benötigen wir die Fähigkeit, einen echten, bedrohlichen Alarm von einem nicht so bedrohlichen oder gar einem Fehlalarm zu unterscheiden. Es macht nicht viel Sinn, wegen Kopfschmerzen aus Angst vor einem Hirntumor sofort eine gefährliche Schädeloperation einzuleiten. Jede Abwehrreaktion kann eben auch Schaden anrichten. Doch wie kommen wir zu einer sinnvollen Bewertung, besonders dann, wenn es zur Beurteilung einer Situation kaum belastbare Zahlen und Messungen gibt? Kommen wir noch einmal auf das System des Selbst zurück (Kapitel 16). Dieser Mega-Superspeicher des gesunden Menschenverstandes ermöglicht nicht nur eine emotionale Einschätzung in richtig oder falsch, sondern auch in gefährlich oder harmlos. Dabei greift dieser unbewusste Megaspeicher auf alle unsere selbst erlebten Erfahrungen zurück, mit denen dann die neue Situation verglichen wird.

Denken wir einmal darüber nach: Welche Erfahrungen haben wir während der Corona-Pandemie wirklich selbst gemacht? Und was lösen sie in uns aus? Einen kleinen, einen großen oder einen lebensbedrohlichen Alarm? Ganz ohne Medien und Panik-Geheimpapiere. Lagen die Leichen buchstäblich auf den Straßen, gab es überfüllte Massenlager mit Schwerstkranken, gab es außergewöhnlich viele Todesanzeigen oder Begräbnisse von Menschen, die man kannte? Erfuhr man von vielen Verwandten, Freunden, Arbeitskollegen, die schwer an Covid-19 erkrankten? Im Frühjahr 2020 lautete die Antwort weit überwiegend nein, im Winter 2020/21 erkrankten zwar vergleichsweise mehr, aber ganz bestimmt nicht in dem Maße, wie wir es aus Hollywood-Katastrophenfilmen kennen.

Naheliegende Baucheinschätzungen oder In der Ruhe liegt die Kraft

In einem Moment der Besinnung hätte uns eigentlich bewusstwerden müssen, dass unser innerer Megacomputer ob der allgemeinen Panik schon längst stutzig geworden war. Folgende Fragen hätten sich dann ins Bewusstsein gedrängt:

- Ist die medizinische Situation wirklich anders als in den Vorjahren?
- Wieso bekomme ich keine Vergleichszahlen geliefert, mit denen ich die Gefährlichkeit im Vergleich zu den Vorjahren einschätzen kann?
- Wieso erfahre ich stattdessen immer nur von Einzelschicksalen?
- Warum wird ständig von der Überlastung der Krankenhäuser berichtet, obwohl Krankenhäuser Kurzarbeit anmelden?
- Wieso werden anerkannte und kompetente Experten, deren Meinung zur Beruhigung beigetragen hätte, als „Leugner" öffentlich verhöhnt, anstatt sie in die öffentliche Debatte, zum Beispiel in Talkshows einzuladen?
- Warum redet die Kanzlerin zu mir wie mit einem unerzogenen Kind, anstatt zu versuchen, mich als mündigen Bürger mit belastbaren, nachprüfbaren Argumenten zu überzeugen?

Doch die meisten nehmen diese inneren Zweifel nicht wahr. Entgegen der eigenen Wahrnehmung findet eine überwiegende Mehrheit das Vorgehen der Regierung richtig und angemessen. Wie kann das sein? Das Problem besteht darin, dass der Zugang zu unseren inneren Einschätzungen Ruhe benötigt. Angst und Stress behindern dieses unfassbar leistungsfähige System, welches nicht nur eine Gefahrenbewertung ermöglicht, sondern sogar die dazu passenden Lösungsansätze mitliefert. Es ist kein Zufall, dass uns die besten Ideen einfallen beim Duschen, Spazierengehen, Stricken, Gartenarbeit, beim gemütlichen Sporteln, immer dann, wenn wir uns nicht unter Druck gesetzt fühlen und entspannen können. Erst dann öffnet sich der Weg zu Erfahrung, Kreativität und Einfallsreichtum. Die Psychologie spricht dann von einem offenen Selbstzugang. Doch dieser Weg wird während der Corona-Krise gleich mehrfach blockiert.

Das soziale Beruhigungssystem

Die erste Funktion der Angst ist die einer Überlebenshilfe, denn sie weist uns auf eine mögliche Gefahr hin. Die unmittelbare Reaktion darauf ist, instinktiv wegzurennen oder, wenn wir der Gefahr nicht mehr ausweichen können, uns wie gelähmt in eine Ecke zurückzuziehen. Doch kopflose Panik und lähmende Angststarre erschweren ein überlegtes Vorgehen. Deshalb benötigen wir ein effektives System, das uns sogar in großer Gefahr überlegt handeln lässt. Der Neurowissenschaftler Stephen Porges entwickelte dazu ein interessantes Erklärungsmodell: die Polyvagale Theorie. Es setzt auf die soziale Kraft, sich gegenseitig zu unterstützen. Dazu bildete sich bei Säugetieren ein neues Nervennetz, welches Herz, Lunge sowie Gesichts- und Gehörmuskeln verbindet. So erlaubt die Wahrnehmung des Tonfalls und des Gesichtsausdrucks Rückschlüsse auf den inneren Zustand des Anderen. Wird uns dadurch signalisiert: *„Ich bin zuversichtlich und stehe dir bei"*, dann werden Puls und Atmung beruhigt und damit die Situation entspannt. Das ist der physiologische Hintergrund, wenn Eltern sanft lächelnd und summend ihr Kind besänftigen oder ein empathisch begabter Chirurg sich direkt vor der Operation in einem ruhigen Tonfall dem Patienten zuwendet. Diese Vermittlung von Zuversicht und Unterstützung funktioniert jedoch nicht unter Druck oder Zwang, sondern nur, wenn sie aus innerer Überzeugung, gleichsam von Herzen kommt. Dann werden sogar körperliche Heilungsprozesse positiv beeinflusst.

Die Blockade des gesunden Menschenverstandes

Statt Zuversicht und besonnenem Vorgehen herrscht in der Corona-Krise horrende Dauerpanik und blankes Chaos. Bis dato habe ich ein vergleichbares, omnipräsentes Trommelfeuer beängstigender Nachrichten noch nicht erlebt. Wie eine Gehirnwäsche tönte es unisono aus Radios, Zeitungen, Fernsehen und sozialen Netzwerken: *„Es ist schrecklich und es wird immer schrecklicher." „Das Virus wird uns noch Jahre beschäftigen." „Wir werden nach Corona nicht zur Normalität zurückkehren können."* Und dazu: *„Wer sich nicht an die Maßnahmen hält, ist verantwortlich für die Ausbreitung des Virus." „Maskenverweigerer tragen Schuld am Tod tausender Unschuldiger." „Wer Weihnachten mit seinen Eltern feiert, wird sie umbringen"* usw. Auf riesigen Anzeigetafeln in den Innenstädten und sämtlichen Monitoren liefen Dauermeldungen über die neuesten Todeszahlen, steigende Inzidenzen und die schrecklichen Entwicklungen in anderen Ländern. In den deutschen Talkshows saßen nur noch die bekannten Dauerwarner mit ihren 5-nach12-Botschaften.

Unter Verlust der sozialen Sicherheit, unter Isolierung und der Ausschaltung der Mimik durch Masken, wird unser inneres, angstdämpfendes und lösungsorientiertes Beruhigungssystem empfindlich gestört. Wir verlieren die Fähigkeit, in uns hineinzuhören, um unser eigenes Urteil zu fällen. Gemeinsame Räume, in denen eine unterstützende Gemeinschaft möglich wird, wurden ebenfalls eingeschränkt. Viele erleben deshalb diese Zeit geprägt von Einsamkeit und Hoffnungslosigkeit. Medizin und Psychologie kennen die Folgen. Am Anfang stehen körperliche Befindlichkeitsstörungen, von Schlafstörungen bis zu Herzrhythmusschwankungen, die sich zu handfesten Diagnosen, von Diabetes bis zur Depression, ausweiten können.

Schlechte Karten für unseren gesunden Menschenverstand und eine realistische Einschätzung der Gefahr. Kein Wunder, wenn Menschen dann ihr persönliches Risiko, wegen einer schweren Covid-19-Erkrankung im Krankenhaus behandelt werden zu müssen, massiv überschätzen: Nach Umfragen von Psychologen der Universität Salzburg überschätzten die 70-plus-Jährigen das Risiko um das 7-fache, die Altersgruppe 30–39 bis hin zum 38-fachen. In einer Umfrage des Max-Planck-Instituts für Bildungsforschung gaben die Befragten im Schnitt an, mit einer Wahrscheinlichkeit von rund 26 Prozent im kommenden Jahr lebensbedrohlich an Covid-19 zu erkranken. Das Risiko, wegen Covid im Krankenhaus behandelt zu werden, lag 2020 in Wirklichkeit bei ca. 0,16 Prozent.

Die Aussätzigen von Bayreuth

Ein Beispiel, zu welch irrationalem Verhalten Panik führt, sind Erlebnisse der Mitarbeiter des Klinikums Bayreuth. Nachdem die Presse alarmistisch darüber berichtete, dass eine „schlimme" Mutation im Klinikum aufgetreten sei, wurde eine Mitarbeiterin, an deren Autofenster das Parkschild der Klinik zu sehen war, aus einer Tankstelle geworfen. Eine andere Mitarbeiterin wurde denunziert, weil sie den gemeinsamen Waschraum eines Mietshauses benutzte. Ein Kind von Mitarbeitern wurde in der Kita von den anderen Kindern separiert usw. Der Leiter der Öffentlichkeitsarbeit des Klinikums sah sich genötigt, öffentlich darum zu bitten, diese Übergriffigkeiten seinen Mitarbeitern gegenüber einzustellen.

Guayaquil – das Bergamo Südamerikas
Ein geradezu gespenstisches Beispiel spielte sich in der ecuadorianischen Küstenmetropole Guayaquil ab. Im März 2020 wurden im gesamten 17-Millionen-Land weniger als 200 mit oder an Corona Verstorbene registriert. Dennoch weigerten sich die Beschäftigten von Bestattungsunternehmen aufgrund der Corona-Warnungen, alle kürzlich Verstorbenen aus ihren Wohnungen abzuholen. So verweilten die Toten tagelang in den engen Wohnungen zusammen mit vielen weiteren Familienangehörigen – bei über 30 Grad! Auch nachts kühlen die Temperaturen im Gegensatz zur hochgelegen Hauptstadt Quito nicht ab. Die Verwesung setzte zügig ein. Weil die Menschen den Gestank und die Maden nicht mehr aushielten, wurden die Leichen, nur dürftig zugedeckt, auf den Straßen abgelegt. Die Anwohner hielten es ebenfalls nicht lange aus und zündeten die Leichen an. Diese Szenen wurden in ganz Südamerika gesendet und heizten die Angst vor der Infektion ähnlich an wie die Berichte aus Bergamo in Europa. Doch nicht das Virus führte zu diesen grässlichen Bildern, sondern die Angst davor.

Fremdsteuerung
Die Blockade des Selbstzugangs hat noch tiefergehende Folgen. In der Psychologie spricht man von Selbstinfiltration. Wir laufen dann Gefahr, Entscheidungen völlig vorbei an eigenen Erfahrungen und Bedürfnissen zu fällen. Dann sagen uns ausschließlich andere, was gut für uns ist: die Schule, die Kirche, die Nachbarn, die Werbung, die Gesellschaft. Wir meinen dann zwar, das Richtige zu tun, aber in Wirklichkeit tun wir nur das, was andere uns als richtig vorgeben. Ein besonders anschauliches Beispiel sind die plumpen Motivationsfilme der Regierung im November 2020. Sie sollten uns einreden, wenn wir zuhause auf dem Sofa langsam vergam-

meln, dann dürfen wir uns gleichsam wie Kriegshelden fühlen, die gegen das Böse kämpfen.

Das Problem ist, solche fremden Vorgaben haben manchmal etwas ganz anderes im Sinn als unser Wohlergehen. Wenn Eltern ihren Kleinkindern im Kinderwagen Masken aufsetzen, wenn Lehrer sich bei Wintertemperaturen nur direkt neben einem geöffneten Fenster getrauten, Unterricht zu halten, wenn man Schwangere zwingt, bis kurz vor dem Geburtsvorgang FFP2-Masken zu tragen, wenn man alte Menschen in ihren Zimmern einsperrt oder wenn man der Aufforderung von Stadtverwaltungen folgt, Nachbarn anzuzeigen, nur weil sie ihre Kinder mit anderen spielen lassen, dann erklärt sich dieses irrationale bis grausame Verhalten nur durch solche manipulativen, psychologischen Phänomene.

Selbstinfiltration bedeutet letztlich das Einschleusen fremder Ziele, die dann unser eigenes Handeln manipulieren. Wenn jedoch dauerhaft Entscheidungen an den inneren Gefühlen vorbeigetroffen werden, dann entsteht unweigerlich ein Gefühl der Fremdsteuerung. Wir sind zunehmend unzufrieden mit unserem Leben und können sogar psychisch wie körperlich krank werden. Psychotherapeuten wie Hausärzte können ein Lied davon singen.

Wirklichkeit als Störfaktor

Eine durch Dauerangst erzeugte Wirklichkeitsentfremdung lässt sich nicht mehr einfach herunterregulieren. Doch die Wirklichkeit verschwindet deswegen nicht. Im Gegenteil, sie klopft immer lauter an die Tür unseres Bewusstseins. Doch wenn der Unterschied zwischen manipulierter Wahrnehmung und eigener, aber blockierter Gefühlsbewertung zu groß wird, bekommen wir Menschen ein Problem. Die Psychologie spricht von Dissoziation. Eine Art innere Spaltung, die dazu führt, dass wir uns zunehmend im falschen Film fühlen. Wir schauen uns dann gewissermaßen selbst beim Leben zu. Wird dieser innere Konflikt jedoch unerträglich, dann reagieren Menschen in unterschiedlicher, ungünstiger Weise darauf.

Die Neurotiker

Die einen halten immer verbissener an ihrem Irrweg fest. Immer dicker wird der Beton, mit dem sie ihr Bewusstsein vor der Realität schützen wollen, auch wenn sie diese Wirklichkeitsverweigerung in den Untergang führt. Mit der Zeit entwickeln sie ein neurotisches Zwangsverhalten und merken gar nicht mehr, was sie sich und anderen damit antun. Da ich Zugang zu internen Äußerungen habe, versichere ich Ihnen, dass einige der politisch Verantwortlichen selbst in dieser psychologischen Sackgasse verharren. Dem Leiter der wichtigsten medizinischen Regierungsbehörde unterstelle ich sogar eine handfeste Paranoia. Wenn aber Politiker die Fehler ihres Corona-Krisenmanagements endlich erkennen und gegensteuern möchten, dann erwartet sie der immer aggressivere Shitstorm dieser Wirklichkeitsverweigerer. Angesichts der zu erwartenden Empörungswelle werden es sich Lockerungsbefürworter dann zweimal überlegen. So sitzt die Politik 2021 in ihrer selbstgebauten Panikfalle fest und ein Ausstieg wird immer schwieriger.

Die Enttäuschten

Wenn die Wirklichkeit doch ihren Weg ins Bewusstsein findet, dann ist auch diese Erkenntnis alles andere als angenehm. Vor allem, wenn das Eintreten für die Wirklichkeit zum Ausschluss aus der Gemeinschaft führt. So viele Menschen haben mir geschrieben, wie der realistische Blick auf die Pandemie Arbeitskollegen, Freunde, Familien, selbst Lebenspartner entzweit. Eine vernünftige Diskussion mit Austausch und Abwägen von Argumenten ist in einer Panikatmosphäre unmöglich. Und das führt zu einer tiefen Frustration. Ich erlebe dies jeden Tag in meiner Praxis. Nicht jeder kann damit angemessen umgehen. Je nach Persönlichkeit reagieren Menschen auf diese Enttäuschung entweder mit Rückzug, Resignation, Abstumpfen oder Fatalismus. Oder mit Wut und Zorn. Die Rückzugsvariante führt zu einer schweren psychischen Belastung, die nicht selten in eine handfeste Depression mündet. Doch die zweite Reaktion entlädt sich direkt in die Gesellschaft, und sie trifft auf den aggressiven Moralismus der Wirklichkeitsverweigerer.

Angst lässt sich nicht durch Angst überwinden
Wer immer und immer wieder Katastrophen ankündigt, die dann erwartbar nicht eintreten, darf sich nicht wundern, wenn die Bürger anderweitig Orientierung suchen. Nicht allen, die in diese Bresche springen, gelingt dabei die Gratwanderung zwischen kompetenter, sachlicher Information und haltlosen Übertreibungen. Doch in diesem extrem angespannten Zustand suchen Menschen nun einmal Erklärungen für ihren inneren Zwiespalt. Werden ihnen keine vernünftigen Erklärungen für die Situation angeboten, dann ist der Boden bereitet für allerlei fantastische, magische und völlig übertriebene Theorien. Wobei diese Charakterisierung von Erklärungsmodellen durchaus auch auf manches aus Regierungs- oder Pressemund zutrifft.

Aber einiges, was von Corona-Kritikern verbreitet wird, geht mir entschieden zu weit. Lautstark vom Untergang des Abendlandes zu reden, den finstere Personen in den Hinterzimmern des Davoser World Economic Forums beschließen, geht an der Komplexität der Welt völlig vorbei. Natürlich gibt es Interessen, die sich gegen die Prinzipien einer Demokratie und die Freiheit des Einzelnen richten, aber daraus eine Weltverschwörung zu machen, ersetzt die eine völlig überzogene Angst lediglich durch eine andere. Es wird im nächsten Kapitel auch um erschreckend autoritäres Staatsverhalten gehen, welches medial nicht angeprangert, sondern begrüßt wird. Solche Fehlentwicklungen müssen klar und schonungslos analysiert werden, damit wir endlich demokratisch gegensteuern. Aber unser Land ist dazu in der Lage. Noch sind wir weit entfernt vom Unterdrückungssystem einer DDR, erst recht vom Nazistaat.

Panik lässt sich nun mal nicht durch Panik bekämpfen, genauso wenig, wie man manipulative Berichterstattung mit Hysterie entkräften kann. Dadurch wird nur die Atmosphäre angeheizt und die Gesprächsbereitschaft weiter erschwert. Das Einzige, was Menschen helfen wird, Wege aus ihrer Corona-Panik und ihrer Corona-Frustration zu finden, ist eine öffentliche, sachlich kompetente, aber auch hartnäckig vorgetragene Debatte über die tatsächlichen Zusammenhänge, die hilft, die eigenen Gefühle wieder mit der Wirklichkeit zu versöhnen. Dieses Buch möchte dazu beitragen.

Kapitel 20
Spaltung der Gesellschaft

Reden wir nicht lange um den heißen Brei herum. Die immer greifbarere Spaltung unserer Gesellschaft verläuft an der Trennlinie: wer ist rechts und wer nicht. Es ist heute Standard, dass Menschen, die sich außerhalb des woken Meinungskorridors befinden, sich irgendwann dem Vorwurf ausgesetzt sehen, rechts zu sein. Selbst im Rahmen einer rein medizinischen Debatte über das richtige Vorgehen im Rahmen einer Pandemie werden Ärzte und Wissenschaftler mit dem Etikett „rechts" versehen. Die politische Einordnung in links und rechts geht auf die Französische Revolution zurück und bezieht sich auf die Sitzordnung der Nationalversammlung. Links saßen die Anhänger revolutionärer Veränderungen. Rechts saßen eher die Anhänger bestehender Strukturen. Doch heute wird rechts anders benutzt. Man impliziert damit automatisch die Nähe zum Rechtsextremismus und damit zum Nationalsozialismus. Kurz: Wer rechts ist, gilt als Nazi.

So schnell ist man „rechts"

Nationalsozialismus, Antisemitismus und eine dumpfbackige, provinzielle Deutschtümelei lehne ich aus tiefstem Herzen ab. Ich mag jedoch schöne Traditionen und lasse mich auch faszinieren von allem Fremden. Als Jazzmusiker umfasst mein Freundeskreis so ziemlich alle Schattierungen und Lebensformen – sogar Bassisten ;-). Und dennoch galt ich ab Mai 2020 plötzlich als „rechts" – bei Wikipedia. Als ich mich kritisch über die Corona-Maßnahmen äußerte, schmückte meinen Wikipedia-Eintrag plötzlich der Zusatz: „Öffentlich vertritt er rechte Positionen, die sich teilweise mit verschwörungstheoretischen Inhalten decken". Verbunden mit weiteren subtilen Unterstellungen, stellt die Etikettierung als rechts auf Wikipedia durchaus ein Problem dar. Ich halte Seminare und Vorträge. Sollte ein Auftraggeber darauf aufmerksam gemacht werden, wird er vermeiden wollen, selbst ins Fadenkreuz der Tugendwächter zu geraten. Außerdem stellte ich mir vor, was passieren würde, sollten meine Kinder in der Schule darauf angesprochen werden. Auf diesen Rufmord wies mich ein Leser meiner Beiträge hin, der sich hinsichtlich der inneren Struktur von Wikipedia gut auskannte. Er riet mir, mich auf der Diskussionsseite meines Eintrages zu wehren. Nach einigen abstrusen Wortwechseln, die mir auch das dort herrschende Diskussionsniveau vor Augen führten, gelang es, dass jemand mit den entsprechenden Rechten den Zusatz wieder entfernte. Immerhin.

Umgang mit der Corona-Opposition

Wie fahrlässig heute das Etikett „rechts" vergeben wird, zeigt der Umgang mit der Oppositionsbewegung der Corona-Politik. Im Frühjahr 2020 veranstalteten die Organisatoren der Querdenker unter erschwerten Bedingungen die ersten Großveranstaltungen gegen die Corona-Politik der Regierung. Im Mai 2020 wurde vor einer Kundgebung in Stuttgart beispielsweise ein LKW für Bühne und Technik von Unbekannten in Brand gesetzt. Der Schaden betrug 200.000 Euro. Am 1.8.2020 kam es zur ersten Großdemonstration in Berlin. Mehrere Untersuchungen und unzählige Augenzeugenberichte ergeben ein Bild der Teilnehmerstruktur, wie es bunter und friedlicher nicht sein könnte. Hier trafen sich viele unterschiedliche Menschen, darunter auch Esoteriker oder Impfgegner. Die Mehrheit bildeten jedoch normale Bürger, die schlicht und ergreifend – und das völlig berechtigt – an der Verhältnismäßigkeit der Corona-Politik zweifelten. Mitglieder rechter Randgruppen musste man mit der Lupe suchen und auf einige Bühnenauftritte hätte man gerne aufgrund ihrer schlichten Weltsicht verzichten können. Doch politisch sind nach einer Befragung der Universität Basel die meisten Teilnehmer wohl eher dem grünen und linken Parteienspektrum zuzuordnen. Sie können sich selbst im Internet anhand von Fotos und eines Films, der den gesamten Demonstrationszug erfasst, ein Bild machen. Nun folgen Beispiele von Zitaten, wie über diese Menschen, die eines der grundlegendsten Rechte in einer Demokratie wahrnahmen, unisono medial berichtet wurde:

> *„Ich persönlich fand diesen Mix an Menschen erschreckend. Ein Mix, der nicht nur die extremen Ränder, Verschwörungsideologen und*

Diktatur-Rufer gezeigt hat, sondern auch Teile aus der Mitte unserer Gesellschaft. Diese Menschen sagen, sie wollen das Grundgesetz und unsere Grundrechte schützen und treten sie, jedenfalls Teile von ihnen, gleichzeitig mit Füßen. Genauso wie die Meinungs- und Pressefreiheit."
Dunya Hayali, ZDF, Quelle: ZDF.

"Die reisen aus Frankfurt, Stuttgart an, um in unserer Stadt Randale zu machen."
Michael Müller, SPD, Regierender Bürgermeister von Berlin, Quelle: rbb.

"Und ich mache mir schon Gedanken, wer da mit wem demonstriert: Weltverschwörungstheoretiker auf der einen Seite, die extreme Rechte dabei, auch zum Teil die Linke. Da bündelt sich dann etwas zusammen, was eigentlich gar nicht zusammengehört. Und deswegen ist mein dringender Appell: nicht nur bei solchen Demos körperlichen Abstand zu halten, sondern auch dringend geistigen Abstand zu wahren."
Markus Söder, CSU, Ministerpräsident des Freistaats Bayern

Mindestabstand und Maskenpflicht wurde von den allermeisten Querdenker-Demonstranten respektiert. Das Gleiche kann man von anderen Demonstrationen dieser Zeit nicht behaupten. Schauen Sie sich einmal YouTube-Filme der Black-Lives-Matter-Demo vom 6.6.2020 in Berlin an. Für die Presse stellvertretend ein Zitat aus der *ZEIT*: „*In vielen deutschen Städten haben Menschen gegen Rassismus und Polizeigewalt demonstriert. (...) Auch in Berlin kamen Schätzungen zufolge etwa 15.000 Menschen in schwarzer Kleidung zu einem stillen Protest auf dem Alexanderplatz zusammen.*" Kein Wort dazu, dass diesmal Menschen tatsächlich dicht an dicht standen, was mich persönlich nicht stört. Zu keinem Zeitpunkt ist seriös nachweisbar, dass die Sommer-Demos das Infektionsgeschehen negativ beeinflusst hätten.

War es ein Plan?

Am 29.8.2020 fand die zweite große Demonstration der Querdenker-Bewegung in Berlin statt. Schon im Vorfeld wurde versucht, mit fadenscheinigen Verboten diese Großveranstaltung zu verhindern. Mehrere Augenzeugen, auch Patienten von mir, berichteten, wie die Polizei den Demonstrationszug gezielt in eine Sackgasse umleitete, in der der Mindestabstand nicht eingehalten werden konnte. Das führte zur Auflösung des Zuges. Die Teilnehmer mussten sich einen eigenen Weg zur Kundgebung an der Siegessäule suchen.

Als weitere, davon unabhängige Demonstration wurde im Vorfeld problemlos eine Veranstaltung der Reichsbürger genehmigt – ausgerechnet innerhalb der Bannmeile des Reichstages. Eine seltsame Vereinigung, an deren Demokratiefestigkeit durchaus Zweifel angebracht sind. Schon lange ist bekannt, dass in dieser Szene von einem „Reichstagssturm" gefaselt wird. Insofern verwunderte, dass nur drei Polizisten den Eingang bewachten, als sich die überschaubare Ansammlung von ca. 200–300 Teilnehmern zu den Treppen am Eingang aufmachte. Die Videos zeigen Proleten, die auf den Stufen posierten, aber ganz sicher keine Gewalttäter. Anschließend wurde dieser Sturm medial als Angriff auf die demokratische Staatsordnung hochstilisiert und in einem Atemzug mit der Querdenker-Demonstration genannt, die anschließend immer mehr in die rechte Ecke gedrängt wurde.

Das Landesamt für Verfassungsschutz in Baden-Württemberg nahm als erstes in Deutschland die „Querdenken"-Bewegung in die Beobachtung auf. Es lägen *„hinreichend gewichtige Anhaltspunkte für eine extremistische Bestrebung"* vor, so Innenminister Thomas Strobl und Verfassungsschutzpräsidentin Beate Bube. Mehrere maßgebliche Akteure der „Querdenken"-Bewegung ordne der Inlandsgeheimdienst dem *„Milieu der Reichsbürger und Selbstverwalter"* zu, die die Existenz der Bundesrepublik leugnen und rechtsstaatliche Strukturen negieren würden. Innenminister Strobl sprach von einer *„grundsätzlichen Staats- und Politikfeindlichkeit in bedenklichem Ausmaß"*. Bundeskanzlerin Merkel äußerte sich dazu: *„Verschwörungserzählungen sind Angriff auf unsere Gesellschaft."* Und weiter *„Das übliche Argumentieren hilft da nicht. Und das wird vielleicht auch eine Aufgabe für*

Psychologen sein oder für... also wir werden da noch sehr viel erforschen müssen." So spricht man, wenn man den politischen Gegner psychiatrisieren will. Bundesländer begannen, leerstehende Kliniken oder Internate als geschlossene Lager für Quarantänebrecher einzurichten.

Proteste gegen das Infektionsschutzgesetz 18.11.2020
Am 18.11. 2020 verabschiedete der Deutsche Bundestag im Hauruckverfahren das „Dritte Bevölkerungsschutzgesetz". Seitdem genügt eine einfache Parlamentsmehrheit, um eine „epidemische Notlage von nationaler Tragweite" festzustellen, mit der die im Grundgesetz garantierten Freiheiten handstreichartig außer Kraft gesetzt werden können. Diese Feststellung kann ohne Begründung und ohne Befristung erfolgen.

Gegen dieses extrem fragwürdige Gesetz, das staatlicher Willkür Tür und Tor öffnet, demonstrierten vor dem Brandenburger Tor viele Bürger. Der Berliner Polizeipräsident sprach von einer extremen Gewalttätigkeit der Demonstranten. „Brutalität war immens – fast 80 Polizisten bei Corona-Demo verletzt". So berichtete die *WELT* wie auch etliche andere Medien über diese Demonstration. Berlins Polizeipräsidentin Barbara Slowik äußerte sich im *Tagesspiegel:* „Einzelne Gruppen" hätten Einsatzkräfte „massiv" angegriffen, Flaschen, Steine und Pyrotechnik seien auf Einsatzkräfte geflogen. Die Polizei setzte damals mehrere Wasserwerfer ein und brachte 257 Strafverfahren gegen Demonstranten in Gang. In den Videos des Journalisten Boris Reitschuster konnte ich jedoch ausschließlich eine auffallende Brutalität der Polizei bei der Festnahme von Demonstranten erkennen.

Der parteilose Berliner Abgeordnete Marcel Luthe bat die Innenverwaltung des Senats um eine genaue Aufschlüsselung der Verletzungen, die die Beamten an jenem Tag erlitten hatten. Von den 79 verletzten Polizisten wurden laut Senatsverwaltung 78 im Zusammenhang mit einer linksextremistischen „Gegendemonstration" verletzt, die sich gegen die Querdenker-Demo richtete – und einer durch einen Verkehrsunfall ohne Einwirkung von Demonstranten; kein einziger im Zusammenhang mit der Demonstration gegen das neue Infektionsschutzgesetz.

Zu den ganz wenigen Printmedien, die ausgewogen über die Corona-Kritik berichteten, gehört der *Nordkurier* aus Neubrandenburg. Am 25.

Januar konnte man dort lesen: *„GEHEIMES BKA-PAPIER: Linke Gegner das Gefährlichste an Querdenker-Demos. Mit der Androhung juristischer Folgen versucht das Bundeskriminalamt, die Verbreitung einer internen Analyse zu unterbinden. Sie zeigt auf, wo die wahren Gefahren bei Querdenker-Demos lauern."*

Was war geschehen? Ende November 2020 wurde eine interne Analyse mit dem Titel „Aktuelle Entwicklungen im Protestgeschehen im Kontext der Covid-19-Pandemie" vom Bundeskriminalamt (BKA) an alle Landeskriminalämter, das Bundesministerium für Inneres, Bundesnachrichtendienst, Verfassungsschutz und Bundesanwaltschaft weitergeleitet. Der *Nordkurier: „Geleaked wurde das Papier offenbar von einem BKA-Beamten, der die Brisanz des Schreibens erkannt hat. Der Bericht widerspricht dem von etablierter Politik und vielen Medien gezeichneten Bild einer rechtslastigen, gewaltaffinen Gruppierung, das seit Monaten in der Öffentlichkeit von der Querdenken-Bewegung präsentiert wird. Gewalttätig und gefährlich sind auf den Anti-Maßnahmen-Protesten allerdings, so der Kern der BKA-Analyse, vor allem die linken Gegendemonstranten. Und: Von einer Unterwanderung der Bewegung durch Rechtsextremisten kann laut BKA-Ermittlungen nicht die Rede sein."*

Der *Nordkurier* berichtet weiter: *„Nach der Querdenken-Großdemonstration am 7. November und Versammlungen nach einer kurzfristig abgesagten Demo am 21. November 2020 in Leipzig hatten Organisatoren und Teilnehmer besonders unter medialem Beschuss gestanden. Die dort eskalierte Gewalt war in vielen Berichten überwiegend Maßnahmen-Gegnern zugeordnet worden. Aggressive Demonstranten (...) hätten am 7. November nach Auflösung der Demo Böller auf Beamte geworfen und Polizeisperren durchbrochen. Der Vorfall findet in der BKA-Analyse allerdings keine konkrete Erwähnung. In Bezug auf Leipzig wird vielmehr betont, dass ‚autark agierende Kleingruppen (vermutlich aus dem linken Spektrum)' gezielt die Konfrontation mit Teilnehmern der Corona-Proteste gesucht hätten. Zudem hätten mutmaßliche Linksextremisten am Rande der Versammlungen am 21. November eine Gruppe Teilnehmer angegriffen und zum Teil schwer verletzt. Die Tat (...) wird von der zuständigen Staatsanwaltschaft als versuchtes Tötungsdelikt gewertet. Auch in Zukunft müsse mit ‚antifaschistischen Interventionen in Form von (schweren) Gewalttaten' auf Versammlungen in Zusammenhang mit Corona-Kritik gerechnet werden, warnen die Ermittler."*

Das BKA bestätigte gegenüber dem *Nordkurier* die Echtheit der Analyse. Warum das BKA oder eine der adressierten Behörden sich jedoch weigert, den Inhalt bekannt zu machen und somit völlig normale Bürger, fern jedes Extremismus, weiter staatlich-medialen Verleumdungen und der Gewalt von Gegendemonstranten aussetzt, darauf gab das BKA keine Antwort. Berichte über Corona-Demonstrationen sogar in ARD und ZDF folgen bis heute diesem Schema: Corona-Kritiker sind rechts und gewaltbereit, Gegendemonstranten viel zahlreicher und friedlich. Die Dreistigkeit, mit der zum Beispiel am 20.3.2021 friedliche Demonstranten in Kassel zu gewalttätigen Extremisten umgeschrieben wurden, irritiert schwer. Doch diese Doppelmoral ist nicht neu. Die Unterschiede in der öffentlichen Berichterstattung gelten seit Jahren für alle Bereiche, die den neuen Tugendwächtern schaden oder nützen könnten.

Alte Erinnerungen

Sie sehen, es gibt mutige Beamte, die wissen, dass sie ihren Amtseid nicht auf ihren Chef oder die Regierung ablegen, sondern auf das Grundgesetz, das es zu schützen gilt. Und es gibt eine freie Presse, die weiß, was ihre Aufgabe in einem demokratischen Staat ist: unabhängig zu informieren. Doch in Corona-Zeiten wird deutlich, dass dies die Ausnahme ist. Deshalb fühlen sich Menschen, die noch unter den Repressalien der alten DDR leiden mussten, nicht ohne Grund an typische Stasimethoden im Umgang mit dem politischen Gegner erinnert. Wie etwa die gezielte Kontaminierung mit radikalen Kräften, die mit der eigentlichen Demonstration gar nichts zu tun haben. Die Gängelung von Demonstranten, bis ihnen gar nichts übrig bleibt, als Vorschriften zu brechen. Die Denunziation als Staatsfeinde und die angedrohte Psychiatrisierung. Übertrieben? Besonders perfide wird es, wenn Corona-Demonstranten vorgeworfen wird, sie nähmen ihre Kinder als Schutzschilde auf die Demos mit. Schon wird darüber diskutiert, ob man ihnen nicht das Sorgerecht entziehen sollte. Ich könnte nun noch seitenweise Belege für staatlich unterstützte Übergriffe gegenüber friedlichen Kritikern des aktuellen gesellschaftlichen Kurses aufführen. Es sind kuriose bis herzzerreißende Corona-Erlebnisse darunter, wie die einer meiner Patientinnen. Einer Alt-68erin, die wahrscheinlich schon gegen jedes Unrecht dieser Welt protestiert hat. Sie erzählte mir unter Tränen, wie sie mit einer Horde Gegendemonstranten diskutieren wollte, von diesen aber einfach nur als „Nazi" beschimpft wurde. Sie, eine schwerbehinderte Frau, wurde von der martialisch auftretenden Polizei abgeführt. Sie, nicht die Schreier.

Wir sollten alle diese Vorfälle als Warnung verstehen. Als Vorbote einer Entwicklung, wie sie die 2010 verstorbene Ikone der DDR-Bürgerrechtsbewegung Bärbel Bohley voraussagte. Zwei Jahre nach der Wiedervereinigung traf sie sich in kleiner Runde mit dem Schriftsteller Chaim Noll, der auch auf *Achgut* publiziert. In diesem Gespräch kam die Rede auf die perfiden Methoden, mit der die Stasi ihre Bürger gängelte. Zum Schluss dieses Abschnitts zitiere ich aus dem Gespräch mit Bärbel Bohley: *„Alle diese Untersuchungen"*, sagte sie, *„die gründliche Erforschung der Stasi-Strukturen, der Methoden, mit denen sie gearbeitet haben und immer noch arbeiten, all das wird in die falschen Hände geraten. Man wird diese Strukturen genauestens untersuchen – um sie dann zu übernehmen."* Verblüfftes Schweigen. Dann fuhr sie fort: *„Man wird sie ein wenig adaptieren, damit sie zu einer freien westlichen Gesellschaft passen. Man wird die Störer auch nicht unbedingt verhaften. Es gibt feinere Möglichkeiten, jemanden unschädlich zu machen. Aber die geheimen Verbote, das Beobachten, der Argwohn, die Angst, das Isolieren und Ausgrenzen, das Brandmarken und Mundtotmachen derer, die sich nicht anpassen – das wird wiederkommen, glaubt mir. Man wird Einrichtungen schaffen, die viel effektiver arbeiten, viel feiner als die Stasi. Auch das ständige Lügen wird wiederkommen, die Desinformation, der Nebel, in dem alles seine Kontur verliert."* Niemandem mehr als Bärbel Bohley würde es gefallen, wenn wir als Zivilgesellschaft endlich in ganzer Breite diesem autoritären Treiben viel entschlossener entgegenträten.

Der einseitige Kampf gegen rechts

Für Bundespräsident Frank-Walter Steinmeier ist der „Kampf gegen rechts" eine Herzensangelegenheit. Er wird nicht müde, vor der Gefahr rechter Extremisten zu warnen. Wie fast die gesamte Politik, die enorme Geldmittel investiert, um diese Gefahr abzuwenden. Im November 2020, mitten in der Corona-Krise, beschloss der Bundestag mit großer Mehrheit, mit

1,1 Milliarden Euro Organisationen zu unterstützen, die vorgeben, sich diesem Kampf intensiv zu widmen. Außenminister Heiko Maas rechtfertigte die Fokussierung auf den rechten Extremismus mit dem Verweis auf den „Global Terrorism Index". Er twitterte, es habe *„zu keinem Zeitpunkt der letzten 50 Jahre... so viele rechte Angriffe"* gegeben. Dieser Index wird erstellt vom privaten Institute for Economics & Peace. Dort gewichtet man jedoch auf Seite 3 die politische Motivation des Extremismus anders: *„... the absolute number of far-right attacks remains low when compared to other forms of terrorism..."* (die absolute Zahl rechtsextremer Attacken bleibt niedrig verglichen mit anderen Formen des Terrorismus).

Aus der Antwort der Bundesregierung auf eine Anfrage der LINKEN-MdB Martina Renner geht hervor: Für 378 Brandanschläge, die 2018 und 2019 verübt wurden, konnte das Bundeskriminalamt / die Polizei die folgende politische Motivation ermitteln:
- 308-mal war die politische Motivation *links;*
- 17-mal war die politische Motivation *rechts;*
- 20-mal war die politische Motivation *islamistisch.*

Wer immer auch die Hakenkreuzschmierereien verursacht, die meisten extremistischen Straftaten sind links bis islamistisch motiviert. Diese Feststellung klammert die Gefahr des Rechtsextremismus nicht aus, der Mord an dem Kasseler Regierungspräsidenten Walter Lübcke zeigt die Gefährlichkeit Rechtsextremer. Doch Politik und Medien verschließen die Augen vor der Realität, wenn sie sich beim Thema Extremismus nur für die rechte Seite interessieren.

Es gibt keinen richtigen oder falschen Extremismus

Linksextremismus geht häufig von der weltweit agierenden „Antifaschistischen Aktion", kurz Antifa aus. Deren Mitglieder werden politisch-medial als „Aktivisten" oder gar „Kämpfer gegen Rassismus" verharmlost. Doch ihr Antifaschismus ist reiner Etikettenschwindel. Sie sind vielmehr der militante Arm der Neopuritaner. Ihre zahlreichen Mitglieder schüchtern Gegner des aktuellen politischen Kurses inzwischen im großen Stil ein, schlagen Personen krankenhausreif, schreien physisch oder im Netz nichtkonforme Meinungen nieder, zünden Autos und Wohnungen an und bedrohen ganze Familien. Man muss davon ausgehen, dass einige der Mittel im Kampf gegen rechts, zum Beispiel über subventionierte Stiftungen, zu ihrer Finanzierung eingesetzt werden. Im Führungspersonal solcher Stiftungen trifft man auch immer wieder auf ehemalige Stasimitarbeiter. Alle, die sich gegen Extremismus engagieren, sollten sich klar machen: Es gibt keinen guten Extremismus. Er ist immer falsch und bedroht den inneren Frieden, egal aus welchen kranken Quellen er sich speist.

Gratismut

Gegen rechts zu sein, hat heute eher den Charakter einer Staatsräson. Das sollten auch beliebte öffentliche Respektspersonen bedenken, wenn sie auf der Bühne in der Pose eines Widerstandskämpfers zum „Kampf gegen rechts" aufrufen. Dafür bekommt man zwar schnell Medienpreise oder wird vom Bundespräsidenten zum Kaffee eingeladen. Doch das fanatisierte Publikum wird sich in nicht seltenen Fällen durch seine Idole motiviert sehen, gegen vermeintlich Rechte militant vorzugehen. Und wie schnell man heute rechts ist, zeigt die staatlich betriebene Verleumdung der Kritiker der Corona-Politik. Vor 80 Jahren bezahlten Hans und Sophie Scholl, Georg Elser, Harro und Libertas Schulze-Boysen, Elisabeth von Thadden und so viele andere mutige Menschen den Kampf gegen das schlimmste rechtsextreme Unrechtssystem, das Regime der Nationalsozialisten, mit ihrem Leben. Heute richtet sich im Ergebnis der staatlich geförderte „Kampf gegen rechts" oft gegen das, wofür er einzutreten behauptet: Toleranz, Respekt, Demokratie, Meinungsfreiheit, körperliche Integrität und Vielfalt.

Diese Erkenntnis wird für viele schmerzhaft sein. Aber es führt kein Weg daran vorbei: Wer wirklich gegen die mit Händen zu greifende Spaltung unserer Gesellschaft eintreten möchte, muss aufhören, die Opfer des Nationalsozialismus für seine eigene Agenda zu instrumentalisieren. Ganz besonders, wenn der Kampf gegen rechts letztlich nur der Brandmarkung des politischen Gegners dient. Für unsere Demokratie ist es viel besser, wenn Popularität dazu genutzt wird, hier mäßigend zu wirken. Ich ziehe vor jedem den Hut, der dazu bereit ist.

Teil 3

Kapitel 21
Medien – Haltung verdrängt Information

Wenn autoritäre Kräfte ihre gesellschaftliche Macht ausbauen wollen, müssen sie die Oberhand in der öffentlichen Debatte erringen. Zwei Schlüsselgebiete gilt es zu dominieren: die Presse und die Universitäten. Corona macht deutlich, wie erfolgreich die Neopuritaner inzwischen die Medien vereinnahmen.

So war es leider zu erwarten, dass fast alle etablierten Medien durchgehend in der Corona-Krise irreführend, alarmistisch, fast schon regierungshörig berichteten. Keine Spur von einer „vierten Gewalt", deren Aufgabe es ist, Fehler einer Regierung aufzudecken. Vom *SPIEGEL* eines Rudolf Augstein in den 1960ern ist die heutige Presse Lichtjahre entfernt.

Vor vier Jahren war ich Gast in der SWR-Talkshow „Nachtcafé" und nach der Sendung saßen die Teilnehmer noch gemütlich zusammen. Moderator Michael Steinbrecher, auch Dozent an einer Hochschule für Journalismus, meinte zu mir, es sei ihm sehr wichtig, den angehenden Journalisten vor allem Haltung zu vermitteln. Ich erwiderte, die einzige Haltung im Journalismus müsse doch eigentlich die sein, erst einmal keine Haltung zu den Dingen zu haben, über die ich berichten möchte. Sonst laufe man doch Gefahr, einseitig zu informieren. Mit meiner Antwort konnte Steinbrecher wenig anfangen. Wie andere auch, denn Haltung-Zeigen bildet heute die Grundeinstellung der allermeisten Journalisten.

Dazu reicht es, an einem beliebigen Tag die Berichterstattung von ARD bis Spiegel zu vielen der moralbesetzen Themen einmal mit dem tatsächlich vorhandenen Wissen abzugleichen. Das Ergebnis: einseitige, tendenziöse Beiträge, die nicht selten die Grenze zur Propaganda überschreiten. Nicht unbedingt, weil in den Beiträgen gelogen wird, sondern weil ganz entscheidende Inhalte, die eine andere Sichtweise ermöglichen, konsequent weggelassen werden.

Der bekannte WDR-Journalist und Grimme-Preisträger Georg Restle tritt für einen, in seinen Worten, „werteorientierten Journalismus" ein.

Er hält eine neutrale Haltung nicht für möglich und auch nicht für wünschenswert. Auf Twitter kritisiert er: *„Journalismus im Neutralitätswahn – Warum wir endlich damit aufhören sollten, nur abbilden zu wollen, ‚was ist'".* Deutlicher lässt sich die Abkehr von der journalistischen Informationspflicht nicht ausdrücken. Der aktuelle Journalismus will belehren. Aufwendige Recherche, die auch Sachverstand voraussetzt, stört dabei grundsätzlich. Man könnte ja auf etwas stoßen, was das eigene, überlegene Weltbild infrage stellt.

Der neue Name für Zensur: Der Faktencheck

Doch Tugendwächtern reicht auch das nicht. Sie wollen Gegenmeinungen unverblümt zensieren. Hier eine kleine Kostprobe. Sie erinnern sich sicher noch an die Aufregung über die vielen positiven Testergebnisse im Schlachthof Tönnies, aufgrund dessen der gesamte Landkreis Gütersloh im Juni in einen Lockdown gehen musste. In Folge wurden Menschen aus diesem Landkreis, die zu dieser Zeit Urlaub machten, sogar von ihren Hotels auf die Straße gesetzt. In meinem Corona-Bericht vom 23.6.2020 warf ich die Frage auf, ob diese positiven Testergebnisse eventuell auch auf Tier-Corona-Viren zurückzuführen seien. Diese These begründete ich ausführlich mit wissenschaftlichen Erkenntnissen aus der Tiermedizin. Ich schlug deshalb vor, bevor man einen ganzen Landkreis in Quarantäne schickt, sollte man den Corona-PCR-Test auch anhand von Abstrichen am zerlegten Fleisch durchführen, um diesen Verdacht auszuschließen.

Doch wer diese gutbegründete Meinung per Facebook weiterverbreiten wollte, wunderte sich über den Warnhinweis *„Teilweise falsche Informationen – Von unabhängigen Faktenprüfern geprüft."* Diese Markierung war fortan bei Facebook überall angebracht, wo mein Text auftauchte. Doch darf Facebook überhaupt einen Beitrag als falsch kennzeichnen oder sogar sperren? Und vor allem: Wer veranlasst so etwas? Aufgrund des verfassungswidrigen, aber immer noch geltenden Netzwerkdurchsetzungsgesetzes aus dem Jahr 2017 werden Institutionen wie die gemeinnützige GmbH namens *Correctiv* von Facebook, Twitter und Co. beauftragt, ihre Plattformen nach „Fake News" und „Hate Speech" zu durchsuchen. Hört sich wieder gut an, doch wie sieht ein solcher „Faktencheck" in der Realität aus? In meinem Fall begründete eine junge Journalistin diesen Warnhinweis lediglich durch Meinungen anderer Fachleute. Das Ganze ist natürlich absurd und ein Verstoß gegen die Meinungsfreiheit. Das sah ein Richter am Oberlandesgericht Karlsruhe genauso. Er forderte, nach Klage von *Achgut.com,* in seinem Urteil Facebook rechtlich bindend auf, unverzüglich den Warnhinweis hinsichtlich meines Beitrags zurückzunehmen.

Im Verlauf der Corona-Krise behinderten massenweise junge Journalisten und Netzaktivisten als „Faktenchecker" unliebsame Meinungsäußerungen. Die Liste der coronakritischen gesperrten Facebook-, Twitter- oder YouTube-Beiträge ist inzwischen endlos. Mit welcher sachfremden Überheblichkeit selbst auf ARD und ZDF „Faktenchecker" sogar gegen namhafte Wissenschaftler vorgehen, macht sprachlos. Auch wenn diese Verstöße gegen die Meinungsfreiheit nach einer Klage meist richterlich geahndet werden, die teuren Rechtsanwaltskanzleien von Facebook und Co. gehen dennoch meist in Revision. Man ist willens, ungeheure Geldmittel einzusetzen, um Gegner des eigenen Weltbildes aus der öffentlichen Diskussion fernzuhalten. Denn was nützt es, wenn der Beitrag wieder online gehen darf, aber an Aktualität verloren hat? *Correctiv* erhält übrigens staatliche Unterstützungsgelder in sechsstelliger Höhe. Inzwischen liegen so viele Urteile vor, die rechtswidriges Verhalten feststellen, dass man einen Missbrauch dieser Gelder zur Unterdrückung der Meinungsfreiheit konstatieren kann. Vielleicht wollen aber die Geldgeber genau dies?

Sprache als Herrschaftsinstrument

In diesem Kampf um die Macht spielt auch Sprache selbst eine immer wichtigere Rolle. Sie wird zum Instrument, die Sieger und Verlierer kennzeichnet. Sogar die Grammatik verliert ihre Unschuld. Wer zukünftig das Generische Maskulinum verwendet, wie Bürger oder Papagei, sollte sich schon einmal darauf einstellen, auf die Liste der Cancel Culture zu geraten. Wer dem entgehen möchte, nutzt in Zukunft das Gendersternchen für Bürger*Innen oder Papagei*Innen. Erwartbar übernehmen die Nachrichtensender von ARD und ZDF die gegenderte Herrschaftssprache, falls Sie sich schon über die schluckaufartigen, kurzen Sprechpausen gewundert haben sollten: Opportunist – Schluck – Innen.

Das neue Westfernsehen

In einer Talkrunde bei Sandra Maischberger war einmal ein Busfahrer zu Gast. Er war in der DDR aufgewachsen und erzählte, wie DDR-Bürger vorgingen, wenn sie sich eine reflektierte politische Meinung bilden wollten. Man sah die DDR-Nachrichten und verglich sie danach mit denen aus dem verbotenen Westfernsehen. Heute, einige Jahre nach der Wiedervereinigung, ergehe es ihm ähnlich. Wenn er wissen wolle, was los sei, schaue er zwar *heute-journal* oder *Tagesthemen*. Doch weil er deren Meldungen nicht traue, vergleicht er diese Meldungen mit denen auf Informations-Plattformen im Internet. Dies war vor vier Jahren und im Streitgespräch ging es um Pegida. Die Organisatoren der Pegida-Demonstrationen sind sicher zwielichtig. Aber der Grund, weshalb viele Menschen sich auf Marktplätze und in die „Schmuddelecke" des Internets begeben, ist der immer enger werdende Meinungskorridor auf den offiziellen Debattenplätzen in TV, Radio und Zeitungen. Da Moralismus von Feindbildern lebt, macht man Menschen wie diesen Busfahrer seit Jahren ungebremst auf allen Kanälen lächerlich, anstatt sich ihren Argumenten zu stellen.

Während der Corona-Krise dürften weit mehr Menschen das Gefühl entwickelt haben, dass etwas nicht stimmt mit der offiziellen Berichterstattung. Trotz aller Panikmeldungen kann man die Wirklichkeit nicht ewig ignorieren. Was sich die etablierten Fernsehkanäle und Zeitungen an Fehlinformation und Ausgrenzung wichtiger Gegenstimmen geleistet haben, ist einer demokratischen Presse nicht mehr würdig. Kein Chefredakteur, kein Intendant braucht sich zu beschweren, wenn die etablierten deutschen Medien in die Nähe einer DDR-Propaganda gerückt werden. Man könnte ein eigenes Buch allein zu diesem Thema schreiben, wie sie angesichts der Corona-Krise als seriöse und neutrale Informationsquelle versagten.

Deshalb folgen immer mehr Menschen dem Beispiel des Busfahrers und suchen Alternativen im Internet. Natürlich findet sich im Netz viel Unfug, auch -ismen der alten Schule. Aber es gibt seriöse Plattformen, von Journalisten gegründet, die diese Entwicklung zum Haltungsjournalismus nicht mehr mittragen wollten. Während der Corona-Krise erhielten sie einen enormen Leserzuwachs. Falls Sie solche Plattformen suchen, darf ich Ihnen stellvertretend drei Webseiten nennen, die für immer mehr Menschen das neue Westfernsehen darstellen: *achgut.com, tichyseinblick.de und reitschuster.de*. Diese Seiten sind ständig Verleumdungsangriffen ausgesetzt. Falls Sie sie noch nicht kennen, machen Sie sich einfach selbst ein Bild. Auch ein Blick in die Deutschlandseiten der *Neuen Zürcher Zeitung (NZZ)* kann nie schaden.

Kapitel 22
Ideolog*innen kapern die Universität

Das zweite Gebiet, welches für die Erringung der gesellschaftlichen Deutungshoheit entscheidend ist, sind die Universitäten. Besonders auf lange Sicht, wird dort doch das zukünftige Führungspersonal ausgebildet.

Vor zwei Jahren fragte ich einen in der akademischen Welt bekannten Klimaforscher, wie er das Thema Klimawandel einschätzt. Er erzählte mir von seinen Messungen, die zeigten, dass der Dauerfrostboden in Sibirien deutlich zurückgehe. Zur Frage, welchen Anteil der Mensch an diesen Klimaveränderungen habe, meinte er, die Antwort hinge von den jeweiligen Klimamodellen ab. Und die seien ziemlich spekulativ, insofern könne man diese Frage nicht sicher beantworten. Dann fügte er hinzu: *„Aber um Gottes willen, sagen Sie nicht, dass diese Einschätzung von mir stammt. Sonst kommen die Students for Future und stören lautstark meine Vorlesung."* Dieses kleine Beispiel verdeutlicht, warum sich im Februar 2021 das „Netzwerk Wissenschaftsfreiheit" gründete, dem sehr viele Professoren angehören. Sie sehen die Freiheit der Wissenschaft gefährdet, weil an den Universitäten politisch motivierte Gruppen zunehmend Andersdenkende bedrängen und versuchen, mit autoritären Mitteln Einfluss auf Lehrpläne zu nehmen.

Der freie akademische Meinungsaustausch ist inzwischen erheblich gestört. Aus Angst, ins Fadenkreuz der Neopuritaner zu gelangen, zögern viele Wissenschaftler inzwischen, öffentlich über den tatsächlichen Erkenntnisstand in ihrem Fachgebiet zu berichten. Unliebsame Gastredner werden wieder ausgeladen, Hochschulveranstaltungen gewaltsam verhindert. Fast jeder dritte Hochschuldozent erlebt laut dem neuen Netzwerk Political Correctness als Einschränkung. Diese Entwicklung ist im angelsächsischen Raum sogar noch weiter fortgeschritten. Deswegen kündigte vor kurzem die britische Regierung eine Initiative für die Garantie der Meinungsfreiheit an Hochschulen an. Ein „Verfechter der freien Rede" soll Wissenschaftler mit unpopulären Ansichten vor Versuchen schützen, sie zum Schweigen zu bringen.

Pseudowissenschaft und Realität

Als Begründung für diese Übergriffe führen die akademischen Aktivisten an, dass die liberale Geschichte des Westens immer zugunsten des weißen Mannes und auf Kosten der Frauen verlaufen sei. Und weiße Männer und Frauen beide zusammen auf Kosten von Minderheiten lebten. Deshalb hätten es Menschen weißer Hautfarbe schon unbewusst verinnerlicht, sich anderen überlegen zu fühlen („White Supremacy"). Die westliche Geschichte gründe auf Rassismus und Kolonialismus und bestimme das Handeln westlicher Gesellschaften bis heute. Deswegen sollen Männer den Frauen, Weiße den anderen Hautfarben usw. den Vortritt überlassen. Doch diese These von der Erbschuld des Westens war schon von der Wirklichkeit widerlegt, bevor sie als wissenschaftliche Legitimation für autoritäre Übergriffigkeit vorgeschoben wurde.

Denn eigenartigerweise möchte der gesamte unterdrückte Rest der Welt, der aufgrund seiner sexuellen Neigung, seiner politischen Ansichten, seiner Hautfarbe, seiner Herkunft oder einfach aus wirtschaftlicher Not keine Chance auf ein freies und sicheres Leben hat, genau in diesen „rassistischen" Westen einwandern. Und nicht nach China, Südamerika oder Afrika. Warum? Weil unterdrückte Menschen in den westlichen Gesellschaften weltweit das größte Maß an Toleranz, Geschlechtergerechtigkeit, Sicherheit, sozialer Absicherung und individueller Entfaltungsmöglichkeit vorfinden.

Es ist kein Zufall, dass der Westen als erste Kultur die Sklaverei abgeschafft hat, die in anderen Kulturen noch trauriger Alltag ist. Das schließt in keiner Weise aus, dass es auch bei uns noch erhebliches Verbesserungspotential gibt. Aber Rassismus kann man nicht durch einen neuen Rassismus bekämpfen. Sondern durch eine vernünftige, angstfreie Analyse der tatsächlichen Ursachen. Den Neopuritanern geht es im akademischen Machtkampf jedoch zuallerletzt um die Opfer, in deren Namen sie andere Meinungen unterdrücken.

Gegenaufklärung

Der Erfolg des Westens wurde nur möglich, weil ein Grundkonsens besteht. Er lautet: Die besten Entscheidungen, bei denen es um elementare

Fragen der Gemeinschaft geht, werden durch eine offene Debatte auf der Grundlage von Objektivität und Nachprüfbarkeit ermöglicht. Dieser Konsens basiert auf den Prinzipien der Aufklärung, wie sie in Kapitel 12 beschrieben wurden. Er schützt unsere Gesellschaft vor einem Rückfall in eine rückständige Zwangsgesellschaft.

Der Wissenschaft kommt dabei eine ganz besondere Bedeutung zu. Sie stellt die höchste Instanz dar, die diesen Konsens versinnbildlicht. Nicht umsonst genießen Professoren ein solch hohes Ansehen, und in der Krise sucht man ihren Rat. Wer autoritäre Macht anstrebt, muss diesen Konsens bekämpfen. Die Ausschaltung der akademischen Kompetenz war deshalb immer das erste Ziel in der Geschichte der Machtübernahme von Diktatoren. Ob unter Mao, Stalin oder Hitler, immer waren die kritischen Meinungsführer an den Universitäten die ersten, die gedemütigt wurden, während man die zweitklassigen Opportunisten rasant beförderte. Vergleichen Sie dazu noch einmal den Facebook-Eintrag des Hauptverfassers des BMI-„Geheimpapiers" von Seite 71. Was die Neopuritaner an den Universitäten durchsetzen wollen, ist nichts anderes als eine Gegenaufklärung, die das Rad der Geschichte zurückdrehen soll, weg von einer freien Gesellschaft zurück in ein neues autoritäres System.

Mit Unisextoiletten gegen Pflegemangel

Betrachten wir einmal eine konkrete Auswirkung dieser Entwicklung. Woke Neopuritaner nehmen inzwischen in erheblichem Maß Forschungsressourcen in Anspruch, die dann an anderer Stelle fehlen. Im zweiten Teil dieses Buchs wurde deutlich, wie dringend wir Ausbau und Anpassung der geriatrischen Versorgungsstrukturen in einer Gesellschaft mit immer mehr hochbetagten, pflegebedürftigen Menschen benötigen. Dies ist die medizinische Lehre Nummer 1, die wir aus der Corona-Pandemie ziehen müssen. Doch die dazu notwendigen Änderungen der Pflegesituation sind komplex und müssen im Detail erforscht werden: Welche Maßnahmen sind tatsächlich bessere als andere, in pflegerischer, ärztlicher oder auch verwaltungstechnischer Hinsicht? Wie genau sollte ein Pflegeheim organisiert sein, das diese Aufgaben besser bewältigen kann? Welche Rolle spielt die häusliche Pflege, Hausärzte, Palliativ-Teams? Wie findet man eine gute Balance zwischen Infektionsschutz und Selbstbestimmung? Das alles geht weit über einfache Lohnerhöhungen hinaus, wie sie der Bundeskanzlerin als Lösung vorschweben. Was es wirklich braucht, ist eine echte Kraftanstrengung. Damit das Ganze aber nicht nur schön klingt, sondern auch die erhofften Ergebnisse bringt, etwa eine bessere Krisenfestigkeit bei viralen Atemwegsepidemien, ist eine begleitende Forschung vonnöten. Für diese Aufgabe stehen für das Fach Pflegewissenschaften in Deutschland derzeit 19 Professuren zur Verfügung. Für das Fach Geriatrie (Altersmedizin) 18. Das ist viel zu wenig, um diese Herkulesaufgabe zu bewältigen.

Im Vergleich dazu gesteht die Politik dem Fach Gender-Mainstreaming 217 Professuren zu. Die was genau machen? Für die Rechte der Frauen im Deutschland des 21. Jahrhunderts und für Gendersternchen und Unisextoiletten kämpfen? Frauen haben sicher in manchen Branchen immer noch berufliche Nachteile und werden nicht immer gleich bezahlt („Gender Pay Gap"), aber im Gegensatz zu den Frauen der 1970er-Jahre gibt es, was die Gleichstellung der Frau betrifft, kaum noch schwere Defizite, das bestätigen mir alle Frauen unter 50, die ich kenne. Natürlich gibt es auf diesem Gebiet immer noch objektiven Forschungsbedarf, aber ganz sicher nicht für 217 Professor*Innen. Oder doch? Es gibt in Deutschland eine archaische Frauenunterdrückung und der gleichgeschlechtlichen Liebe, die vor Zwangsheiraten mit Minderjährigen und Ehrenmorden nicht Halt macht. Das ist vielerorts die traurige Realität innerhalb der eingewanderten patriarchalischen Großfamilien. Doch die Erforschung dieses tatsächlich empörenden, gesellschaftlichen Problemfeldes überlassen die Genderforscher*Innen den Lehrstühlen für Völkerrecht.

Leopoldina – die Abschaffung der Wissenschaft im Namen der Wissenschaft

Gab es objektive und nachprüfbare Wissenschaft in der Corona-Krise? Selbstverständlich. Über die Stellungnahmen und Positionspapiere wie die der Gruppe um Prof. Schrappe und des Deutschen Netzwerks Evidenzbasierte Medizin haben wir gesprochen. Wäre die Politik ihnen gefolgt, wären uns ihre monströsen Fehlentscheidungen erspart geblieben. Doch die

Politik stützte sich im späteren Verlauf der Pandemie ausschließlich auf die vielköpfige Corona-Beratergruppe der Leopoldina. Die Deutsche Akademie der Naturforscher Leopoldina ist eine altehrwürdige Gelehrtengesellschaft. Ihre Aufgabe besteht darin, wichtige gesellschaftliche Zukunftsthemen wissenschaftlich zu bearbeiten und die Ergebnisse der Politik und der Öffentlichkeit zu vermitteln. Zu ihren Mitgliedern zählen derzeit ca. 1500 renommierte Wissenschaftler aus allen Gebieten. An sich eine hervorragende Ausgangsbasis, um das Krisenmanagement durch interdisziplinäre Erkenntnisse mit höchstem wissenschaftlichem Anspruch zu unterstützen. Eigentlich.

Besonderes Aufsehen hat die „Ad-hoc-Stellungnahme" der Akademie zum Lockdown vom 8. Dezember erregt. Sie wurde von Angela Merkel am 9.12.2020 vor dem Bundestag als zentrale wissenschaftliche Begründung für die Ausweitung eines strengen Lockdowns mit umfassenden Einschränkungen der Grundrechte angeführt. Und das ist prinzipiell gut so. Anders als die Auftragsarbeit des BMI, mit der der Grundstein für die Corona-Panikstrategie gelegt wurde, und anders als zu Beginn der Krise, als sich die Regierung nur auf die Meinung einzelner Wissenschaftler verließ, stand hinter dem zweiten Lockdown die Empfehlung eines interdisziplinären Gremiums mit höchster Reputation.

Doch wenn man sich diese Leopoldina-Arbeit anschaut, kommt man aus dem Staunen nicht heraus. Auf nur sieben Seiten, von denen allein zwei Seiten aus der Auflistung der beteiligten Autoren bestehen, findet sich lediglich die übliche, wirre Corona-Panikmache, natürlich ohne Nachprüfbarkeit durch belastbare Quellen. Sehr peinlich auch die falsche Einschätzung des Irland-Lockdowns. Diese Arbeit ist nichts weiter als der Kotau vor der autoritären Regierungslinie. Die Wissenschaft der Aufklärung wurde entwickelt, um uns gegen solche Willkürsysteme zu schützen, nicht dazu, sie zu legitimieren. So hatte sich das Immanuel Kant ganz sicher nicht vorgestellt.

Es gab vereinzelten, heftigen Widerstand innerhalb der Leopoldina, der teilweise sogar vernichtend und öffentlich geäußert wurde. Zum Beispiel der offene Brief des Mitglieds Prof. Michael Esfeld, Wissenschaftsphilosoph an der Universität von Lausanne, an die Adresse des Leopoldina-

Präsidenten Prof. Gerald Haug. Er schreibt: *„Diese Stellungnahme verletzt die Prinzipien wissenschaftlicher und ethischer Redlichkeit"* und schließt mit: *„In einer solchen Situation wissenschaftlicher und ethischer Kontroverse sollte die Leopoldina ihre Autorität nicht dazu verwenden, einseitige Stellungnahmen zu verfassen, die vorgeben, eine bestimmte politische Position wissenschaftlich zu untermauern."* Doch Wirkung hinterlässt er kaum. Wieso schweigen dazu die meisten der 1500 Mitglieder? Es geht auch um ihre zukünftige akademische Freiheit.

Wissenschaft wird zum trojanischen Pferd für autoritäre Politik

Noch offensichtlicher verabschiedet sich die Null-Covid-Strategie von den Prinzipien der Aufklärung. Dieser internationale Aufruf vom 19.12.2020, verfasst von Wissenschaftlern wie den Regierungsberatern Prof. Melanie Brinkmann und Prof. Michael Meyer-Hermann, fordert eine weitgehende Einschränkung des öffentlichen Lebens und die Gewährung von Freiheitsrechten nur als Privilegien, wenn die festgelegten Vorgaben, bestehend etwa aus irrational niedrigen Inzidenzen, erfüllt werden. Dabei werden bewusst Naturgesetze ignoriert, wie beispielsweise die Lebenszyklen von Zoonosen wie Influenza oder Corona, die sich eben nicht zu null ausrotten lassen (s.a. Kapitel 6). Doch in den Händen von Null-Covid-Befürwortern wird eine Zoonose zur Legitimation für eine Art Hygienediktatur. Unter den Akteuren finden sich auch Autoren des BMI-Geheimpapiers, das die Panikstrategie der Corona-Politik begründete, wie der Politikwissenschaftler Maximilian Mayer. So schließt sich der Kreis.

Denn sie wissen nicht, was sie tun

Kurz darauf startete der gesellschaftliche Arm dieser Strategie, die Initiative #ZeroCovid, die inzwischen von über 100.000 Menschen unterzeichnet wurde. Unter den Erstunterzeichnern finden sich führende Vertreter der neuen Moralelite wie der journalistische Neutralitätsgegner Georg Restle oder die Klimaaktivistin Luisa Neubauer. Führt man sich die Konsequenzen ihrer Forderungen in der Praxis vor Augen, dann geht es nicht um Covid, sondern um einen Systemwechsel. Von einer aufgeklärten Demokratie hin zu einem autoritären Staat, der uns einfach in allem vorschreiben will, wie wir zu leben haben. Nicht umsonst denkt man dort schon längst weiter. Die Ausweitung von Einschränkungen soll zukünftig auch zur Bekämpfung des nächsten angeblichen Weltuntergangs eingesetzt werden. Das Ziel ist die Beschränkung der Erderwärmung auf 1,5 Grad nach dem Pariser Klimaabkommen. Was für eine infantile Hybris, für die sich der äonenalte Zyklus der Klimaveränderungen wenig interessieren wird.

Apropos infantil. Es ist das Privileg der Jugend, die Welt retten zu wollen, ohne sie verstehen zu müssen. Wenn Kinder und Jugendliche sich für politische Themen engagieren, dann trainieren sie Fähigkeiten, auf die eine Demokratie baut: das politische Engagement seiner Bürger. Dass sie dabei zu jugendlichem Furor neigen, wer will es ihnen verdenken? Fridays for Future lässt grüßen. Sie kennen schließlich meist noch nicht die Widersprüchlichkeit des Lebens, die zu mehr Demut und Toleranz einlädt. Das alles wäre völlig in Ordnung, würden Eltern, Lehrer, Dozenten und weitere Respektspersonen solchen Übereifer regelmäßig auf den Boden der Tatsachen zurückholen. Denn Demokratie setzt einen anstrengenden Reifeprozess seiner Bürger voraus. Nicht was schön klingt, entscheidet über die Zukunftsfähigkeit der Gesellschaft, sondern die Erkenntnis der tatsächlichen Folgen politischer Entscheidungen. Dazu braucht es Respekt vor anderen Meinungen, das fachliche Abwägen von Argumenten, die Anerkennung eigener Grenzen und Kompromissbereitschaft

Viele Lehrer und Dozenten kommen in bewundernswerter Geduld dieser Aufgabe immer noch nach. Doch auch in Schulen und Universitäten versucht sich der autoritäre Zeitgeist immer mehr durchzusetzen und animiert junge Menschen dazu, sich in naiver Weise für Utopien zu begeistern und sich fachlichen Differenzierungen zu verweigern. Sie werden sogar als nützliche Kindersoldaten benutzt, um die Kritiker moralistischer Positionen einzuschüchtern. Der Nutznießer solch fanatisierter Kinder und Jugendlicher sind knallharte Karrieristen, die auf deren Rücken ihren Einfluss in der Gesellschaft weiter ausbauen. Der Greta-Kult grenzt für mich dabei an Kindesmissbrauch. Werden aus solch fanatisierten Kindern jedoch Erwachsene, die ihre Grenzen nicht kennen, sollten sich auch ihre einstigen Förderer warm anziehen.

Teil 3

Kapitel 23
Demokratie ist kein Schlafwagen

Bundeskanzlerin Angela Merkel hat ihrer Meinung nach in der Corona-Krise grundsätzlich alles richtig gemacht. Stimmt das? Kommt auf den Maßstab an. Zieht man dazu ihren Amtseid heran, den Nutzen des Volkes zu mehren und Schaden von ihm zu wenden, dann ganz sicher nicht. Doch heutige Politiker sind Berufspolitiker. Deshalb sind sie davon abhängig, wiedergewählt zu werden. Legt man diesen Maßstab an, hat Bundeskanzlerin Merkel in außerordentlicher Weise bisher alles richtig gemacht. Was ist ihr Geheimnis? Das Vorgehen in der Corona-Krise wiederholt den Politikstil, mit dem sie an die Macht gelangte, die sie nun schon 16 Jahre verteidigt. Nach dem Modus des Abwartens, welche Positionen sich gesellschaftlich durchsetzen, setzt sie sich dann an die Spitze dieser Forderungen, ohne sich dabei für die tatsächlichen Folgen zu interessieren. Politik ohne ein gewisses Maß an Opportunismus ist sicher unrealistisch. Richtig problematisch wird es jedoch, wenn eine derartige innere Wendigkeit auf den Zeitgeist eines autoritären Moralismus trifft. Angela Merkel kennt die Folgen autoritären Handelns aus der DDR. Als junge Frau war sie gut angepasst und genoss Privilegien, die denen verweigert wurden, die sich gegen diesen Unterdrückungsstaat auflehnten. Viele dieser mutigen Menschen engagieren sich heute gegen die Corona-Politik. Dass sie in der BRD in einer Weise staatlich-medial diskreditiert werden, die an die Methoden erinnern, unter denen sie schon damals in der DDR litten, irritiert sehr. Angela Merkel sind die Folgen dieser wachsenden Macht autoritärer undemokratischer Strukturen ganz offensichtlich egal. Sie fördert diese Entwicklung sogar, solange sie ihr hilft, an der Macht zu bleiben.

Als der Soziologe Max Weber vor 100 Jahren die Begriffe Verantwortungs- und Gesinnungsethik beschrieb, dachte er vor allem an die Auswirkungen in der Politik. Seiner Meinung nach muss eine Regierung scheitern, die sich nicht mehr für die tatsächlichen Folgen ihrer Entscheidungen interessiert. Die Regierung Merkel konnte sich bisher darauf verlassen, dass sie von den Folgen ihrer gesinnungsethischen Entscheidungen nicht eingeholt wird. Dies ist im Falle Corona anders.

Ein Staat macht sich lächerlich
Viele Regierungspolitiker auf Landes- und Bundesebene äußern sich bezüglich garantierter Grundrechte so, als seien sie diejenigen, die sie vergeben. Das zeigen Begrifflichkeiten wie „Lockerungen", „Öffnungsdiskussionsorgien", „Gewährung neuer Freiheiten", „Zügel schleifen lassen" oder die seltsame Beschwörung einer „neuen Normalität". In einem Tagesschau-Bericht vom 27.2.2021 mahnte CSU-Generalsekretär Markus Blume: „*Die Gefahren durch die Mutationen nehmen dramatisch zu, jede Erleichterung kann nur auf Bewährung stattfinden.*" Sind Grundrechte nun plötzlich nur noch auf Bewährung zu haben? Grundrechte, die in vielen Jahrhunderten von freiheitsliebenden Menschen gegen staatliche Unterdrückung erkämpft wurden, oft unter Verlust des eigenen Lebens.

Haben die Verantwortlichen wirklich jedes Gefühl dafür verloren, wie sie ein demokratisches Staatswesen langsam in ein Possenspiel verwandeln? Man fühlt sich immer mehr in eine Tragikömodie á la Monty Python oder Woody Allen versetzt („Der Präsident ordnet an: Ab heute muss die Unterwäsche alle 30 Minuten gewechselt werden! Zur besseren Kontrolle ist die Unterwäsche über der Kleidung zu tragen"). Polizisten springen aus Gebüschen Joggern ohne Maske entgegen, auf Bänken darf man nicht verweilen und wird unter Bußgeldandrohung ins Großraumbüro zurückgeschickt, Polizisten überwachen schlittenfahrende Kinder, vertreiben sie per Hubschrauber von Eisflächen oder überfahren beinahe Jugendliche, wenn sie ohne Maske davonrennen. Ein Zeppelin überwacht den Schilfgürtel des Bodensees auf Rudelbildung hin, gehbehinderte Senioren, die sich links und rechts bei ihren Kindern einhaken, dürfen das nach Verwarnung nur noch einseitig, Wohnungen werden auf Denunziation hin aufgebrochen, um zwei Freunde beim Kochen zu überraschen. Schulkindern droht ein Bußgeld im Pausenhof, wenn sie zusammenstehen, im Schulbus herrscht jedoch Gedränge. Der Staat macht sich lächerlich. Doch lustig ist es leider nicht.

Der Doppelstaat

Der Jurist Ernst Fraenkel erlebte hautnah den Übergang einer Demokratie in eine der schrecklichsten Diktaturen, in der jedoch das Alltagsleben erstaunlich rechtsstaatlich organisiert blieb. Weite Bereiche, wie zum Beispiel die Geschäftswelt, waren im Nationalsozialismus vor willkürlichen Übergriffen des Staates geschützt. Die Basis bildeten Gesetze, die aus der demokratischen Weimarer Republik stammten und vielfach auch in der BRD weiter gelten. Wie konnte dann das Nationalsozialistische Regime ein derart umfängliches Unterdrückungssystem innerhalb dieses Rechtssystems etablieren? Fraenkel beschrieb dazu den Mechanismus des Doppelstaates. Für die Aufrechterhaltung der gesellschaftlichen Funktionsfähigkeit war der Normenstaat zuständig, der Rechtsstaatlichkeit garantierte. Im Maßnahmenstaat jedoch fällt die Rechtsstaatlichkeit der politischen Machterhaltung zum Opfer. Dabei entscheidet die Regierung, ob eine Sache durch den Normenstaat und den Maßnahmenstaat geregelt wird.

Im April 2021 schickten sich CDU und SPD mit Hilfe der Grünen an, durch eine weitere Verschärfung des Infektionsschutzgesetzes die Aushebelung der bürgerlichen Grundrechte als Dauerzustand zu beschließen. Die aktuelle Politik ist sich offenbar nicht der Gefahren für die Demokratie bewusst, die sie mit der handstreichartigen und andauernden Außerkraftsetzung der Grundrechtsnormen durch Infektionsschutzmaßnahmen eingeht. Maßnahmen, denen jede objektivierbare Begründung fehlt und somit reine Willkür sind. Autoritären Politikern könnte es auf Dauer schwerfallen, sich von dieser Machtfülle wieder zu verabschieden. Und Bürger könnten anfangen, sich daran zu gewöhnen.

Justiz – das letzte Bollwerk?

In modernen Demokratien gilt das Prinzip der Gewaltenteilung in Parlament, Regierung und Gerichte: die gesetzgebende Legislative, die ausführende Exekutive mit ihrem Gewaltmonopol, und die Justiz, die die Einhaltung der Gesetze überprüft. So soll Willkür durch gegenseitige Kontrolle vermieden werden. Corona hat nun deutlich werden lassen, dass die Kontrolle der Regierung durch das Parlament nur mehr auf dem Papier steht. Der ehemalige Verfassungsrichter und Bundesverteidigungsminister

Rupert Scholz sieht einen Hauptgrund für diese Fehlentwicklung darin, dass die meisten der Parlamentarier ihre berufliche Existenz an ihr Mandat knüpfen. Aufgrund einer immer höheren Zahl an indirekten Mandaten fühlen sie sich immer weniger ihren Wählern verpflichtet als vielmehr ihrer Parteiführung, die diese Mandate per Liste vergibt. Stellt die eigene Partei die Regierung, hüten sich immer mehr Parlamentarier davor, dem De-facto-Arbeitgeber zu widersprechen.

Bleibt übrig: die Justiz. Viele Rechtsanwälte setzen sich sehr engagiert für die Beendigung des politischen Machtmissbrauchs ein. Doch nur mit durchwachsenem Erfolg. Die Hoffnung ruht letztlich auf den Richtern, diesem fortwährenden Albtraum endlich ein Ende zu bereiten. Doch Richter sehen sich im Rahmen der Corona-Krise zwei Spannungsfeldern ausgesetzt, die sie bei der Aufgabe behindern, das Grundgesetz zu schützen. Der erste Grund betrifft das Agieren der Wissenschaft. Richter können nicht alles wissen. Deshalb verlassen sie sich auf Fachgutachten. Und da sie die inhaltlich nicht ausreichend selbst einschätzen können, verlassen sie sich dabei besonders auf renommierte Personen. Nun zeigt sich das Leopoldina-Versagen in der ganzen Tiefe. Wenn ein Richter die Unverhältnismäßigkeit des Lockdowns feststellt, stellt er sich formal gegen die Meinung einer der angesehensten wissenschaftlichen Gesellschaften.

Der zweite Grund betrifft die Tatsache, dass die vielbeschworene Trennung von Regierung und Justiz in Deutschland fehlerhaft angelegt ist. Die Staatsanwaltschaft untersteht weisungsgebunden dem Justizministerium, welches somit Ermittlungen stoppen kann. Auch die Vergabe hoher Richterpositionen hat eher den Charakter eines politischen Auswahlverfahrens. Das zeigt insbesondere die aktuelle Besetzung des Präsidenten des Verfassungsgerichtes. Der höchste Verfassungsschützer ist derzeit ein hochdekorierter Wirtschaftsanwalt, der zuvor neun Jahre als CDU-Abgeordneter unter Angela Merkel im Deutschen Bundestag saß.

Motivationshilfen

Deshalb ist es nicht verwunderlich, wenn Richter eher der unteren Hierarchiestufen das Offensichtliche erkennen (siehe auch Fazit Teil 2) und immer wieder Verordnungen der Regierungen als übergriffig und unverhältnismäßig bewerten. Das allein ist eine schallende Ohrfeige für die Politik, die sich allerdings schmerzfrei zeigt. In den höheren Instanzen besteht jedoch eindeutig Nachholbedarf. Noch scheint das Bundesverfassungsgericht eine Grundsatzentscheidung aussitzen zu wollen, die der Regierung den anhaltenden und schwerwiegendsten Grundrechtsbruch in der Geschichte der Bundesrepublik Deutschland bescheinigt und zu einer Beendigung des Corona-Spuks maßgeblich beitragen würde. Vielleicht sollten sich die aktuellen Verfassungsrichter Motivationshilfe bei ihren ehemaligen Kollegen einholen. Der ehemalige Verfassungsrichter Udo Di Fabio meinte im Juli 2020 etwa: *„Wenn ich in Deutschland einen Staatsstreich machen wollte, dann würde ich eine Corona-Pandemie erfinden."* Der frühere Präsident des Bundesverfassungsgerichts Hans-Jürgen Papier äußerte sich im März 2021 in der WELT ausführlich:

„Die Werteordnung unserer Verfassung war schon vor der Pandemie einer jedenfalls partiellen, schleichenden Erosion ausgesetzt, es waren Diskrepanzen zwischen Verfassung und politischer wie gesellschaftlicher Wirklichkeit zu verzeichnen", und weiter: *„Aber seit einem Jahr müssen wir infolge der Pandemie Abweichungen von dieser Werteordnung feststellen, die sich niemand zuvor hat vorstellen können. Das gilt sowohl im Hinblick auf die Geltung der Grund- und Menschenrechte als auch im Hinblick auf die Strukturen der parlamentarischen Demokratie." „Ich habe den Eindruck, dass Wert und Bedeutung der Freiheitsrechte in weiten Teilen der Bevölkerung, aber auch in der Politik unterschätzt werden – heute mehr denn je"*, so Papier weiter: *„Ich habe neulich eine Formulierung gehört, die etwa lautete: Wenn die epidemische Lage so bleibt, wie sie jetzt ist, dann kann es keine neuen Freiheiten geben." – „Eine Formulierung der Kanzlerin ..."*, fügt der Interviewer ein. Darauf Papier: *„Von wem auch immer: Darin kommt die irrige Vorstellung zum Ausdruck, dass Freiheiten den Menschen gewissermaßen vom Staat gewährt werden, wenn und solange es mit den Zielen der Politik vereinbar ist. Nein, es ist umgekehrt! Die Grundrechte sind als unverletzliche und unveräußerliche Menschenrechte des Einzelnen verbürgt. Sie können zwar eingeschränkt werden, aus Gründen des Gemeinwohls durch Gesetz oder aufgrund eines Gesetzes. Aber es handelt sich nicht um eine einseitige Gewährung des Staates, die man mehr oder weniger beliebig entziehen und neu vergeben kann."*

Kapitel 23: Demokratie ist kein Schlafwagen

Von China lernen?

In der Corona-Krise entwickelte sich der österreichische Fernsehsender *Servus TV* zu einem Meinungsasyl deutscher Regierungskritiker. Am 4. Februar 2021 war ich Gast beim „Talk in Hangar 7" zum Thema „China als Vorbild im Umgang mit Corona?". Eingeladen war auch der chinesische Botschafter in Österreich. Ein höflicher Mann, der es in der Sendung fertigbrachte, China als Musterdemokratie zu bezeichnen und gleichzeitig Taiwan das Selbstbestimmungsrecht abzusprechen. Ebenso zwei ausgewiesene Chinakenner, eine bekannte Sinologin und der langjährige Leiter des ZDF-Studios Peking. Sie sparten zwar nicht an Kritik bezüglich chinesischer Menschenrechtsverletzungen, beschrieben aber auch die Disziplin und die Konsequenz, mit der man dort die Corona-Pandemie besser in den Griff bekommen habe. China und generell Asien hätte uns voraus, dass man sich mehr als Gemeinschaft begreife und solidarischer Hygieneregeln einhalte. Davon könnten wir viel lernen. Derselben Meinung ist auch Bundeskanzlerin Angela Merkel, die auf einem Wirtschaftsforum im Dezember 2020 folgendes sagte:

„Wenn man sich überlegt, die Pandemie wird uns wirtschaftlich zurückwerfen, wo kommen wir da raus, wo kommt China raus, kommt Südkorea raus, wenn die alle mal viel besser die Masken tragen, und nicht so viel Querdenker-Demos haben, sondern derweil schon wieder wirtschaftlichen Aufschwung, dann fragt sich, wo Europa landet nach dieser Pandemie. Das wird noch mal eine Neuordnung der Regionen sein, glaube ich."

Demnach seien protestierende, undisziplinierte Bürger schuld am wirtschaftlichen Rückfall gegenüber Asien. Ich bin hundertprozentig überzeugt, dass Angela Merkel diesen Unsinn wirklich glaubt. Ohne Zweifel wird es nach der Corona-Pandemie einen klaren wirtschaftlichen Sieger geben, und dieser heißt China. Dagegen werden Europa, Amerika wie Australien erheblich Federn lassen müssen. Aber die Gründe dafür sind ganz andere. Begeben wir uns noch einmal an den Anfang der Pandemie.

Eine gut begründete These ist keine Verschwörung

Der Hamburger Physiker Prof. Dr. Roland Wiesendanger legte im Februar 2021 eine 104 Seiten umfassende Übersichtsarbeit vor, in der er die These begründete, die Corona-Pandemie sei durch einen Laborunfall in Wuhan ausgelöst worden. Eine wunderbare Einladung zu einer sachlich geführten Diskussion. Doch nicht im Jahr 2021. Reflexartig ergoss sich ein medialer Shitstorm woker „Faktenchecker", die nun versuchten, Prof. Wiesendanger als Verschwörungstheoretiker darzustellen und ihm im Falle des ZDF sogar falsche Zitate in den Mund legten. Tatsache ist jedoch: In Wuhan gibt es ein virologisches Forschungsinstitut der allerhöchsten Sicherheitsstufe (BSL-4). Dort werden riskante Versuche mit Fledermaus-Corona-Viren durchgeführt (siehe Kapitel 6). 2018 wurde dieses Labor mehrfach von Wissenschaftlern der US-Botschaft besucht, die danach größte Sicherheitsmängel nach Washington meldeten.

Allein die räumliche Nähe zum Ausbruch der Pandemie macht die These eines Laborunfalls bis zum Beweis des Gegenteils sehr plausibel. Eine Absicht halte ich für unwahrscheinlich, denn dann wäre die Aussetzung des Virus fernab des Labors in einer anderen Stadt erfolgt. Wenn es ein Unfall war, dann wusste dies der chinesische Präsident Xi Jinping. Dann wäre es nachvollziehbar, warum er aus Sorge, was da aus dem Labor entwich, die bisher umfangreichste und rigoroseste Quarantäne aller Zeiten in der 11-Millionen-Region Wuhan angeordnet hat. Doch nach zehn Wochen, wie später überall auf der Welt, ebbten die Infektionen ab, Wuhan wurde zurück ins normale Leben geführt. In keiner anderen Region des 1,4-Milliarden-Volkes wurde später ein strenger Lockdown verfügt. Die Wirtschaft wurde nicht gebremst.

Stresstest Corona

Es fällt auf, wie intensiv Experten mit Chinavorliebe die westlichen Regierungen bedrängten, strenge Lockdowns zu veranlassen. Der amerikanische Anwalt Michael P. Senger vertritt die These, dass diese Lockdowns einem chinesischen Propaganda-Drehbuch folgen (siehe auch Kapitel 10 und 11). Im Januar 2021 listete Senger gemeinsam mit Juristen, Medizinern und bekannten Persönlichkeiten des öffentlichen Lebens in einem offenen Brief an das FBI sowie verschiedene weitere westliche Geheimdienste zahlreiche Belege auf, die seine These vom chinesischen Propagandaerfolg stützen, und fordert die Dienste auf, in der Sache Ermittlungen aufzunehmen. Auffallend zum Beispiel die Rolle des Imperial College London, aus dem die maßgebende Modell-Panikrechnung im Frühjahr 2020 stammt. 2015 besuchte der chinesische Staatspräsident Xi Jinping das Imperial College als einzige britische Hochschule. Es ging um britisch-chinesische Forschungskooperationen. In ihrer Begrüßungsrede wandte sich deren Präsidentin, Alice Gast, an den anwesenden britischen Schatzkanzler (Finanzminister) wie folgt: *„Herr Kanzler, Sie haben gesagt, dass Sie das Vereinigte Königreich zum ‚besten Partner Chinas im Westen' machen wollen. Das Imperial College London strebt danach, genau das zu sein, Chinas bester akademischer Partner im Westen."* Sie können alle Argumente Sengers in elf Beiträgen zum Thema „Chinas globale Lockdown-Kampagne" auf *Achgut.com* nachlesen.

Nehmen wir den Gedanken auf, dann hätte China den Westen einer Art Stresstest unterzogen: Fallen die Demokratien auf Panikpropaganda herein oder sind sie in der Lage, diese vernunftbasiert abzuwehren? Das Ergebnis ist bekannt. 90 % Europas, die meisten amerikanischen Bundesstaaten und Australien haben sich diesen chinesischen Panda aufbinden lassen und so ihre Wirtschaft umfassend beschädigt. Und ein Ende ist nicht abzusehen. Wenn es also ein Test war, dann sind wir mit Pauken und Trompeten durchgefallen.

Mehr Westen, weniger China

Erscheint nun der Westen in den Augen Pekings immer mehr als moralisierender Schwächling, der schon bei mittelgroßen Herausforderungen hysterisch und irrational handelt und dessen Zeit abgelaufen ist? Vielleicht denkt nicht nur China inzwischen so. In Afrika haben wir durch unsere panischen Lockdowns schlimme Hungersnöte verursacht und China steht schon für die Aufbauhilfe bereit. Im Wettbewerb der Regierungssysteme hat Afrika gelernt, wer der krisenfestere Partner ist.

Gescheitert ist das deutsche Krisenmanagement nicht an seinen Bürgern, die für ihre Grundrechte eintreten, sondern an der eigenen Paranoia und Inkompetenz. Für die Krisenfestigkeit bezüglich der schon wartenden neuen Herausforderungen lässt das wenig Hoffnung. Wir brauchen nicht mehr China, sondern wieder mehr Westen. Ich möchte wieder in einem Land leben, in dem eine Opposition schräg und friedlich, bunt und kariert, ohne Angst und Einschüchterung für ihre Rechte auf die Straßen gehen kann. In einem Land, in dem in einem fairen wissenschaftlichen Streit die beste Lösung offen gesucht statt blockiert wird. Die Bilder der inszenierten, jubelnden Massen aus China und der anderen Diktaturen lassen mich dagegen in ihrer Konformität erschauern. Ich bin nicht in der DDR aufgewachsen. Aber ich beginne zu ahnen, wie schrecklich es sein muss, in einem solch autoritären System leben zu müssen.

Obwohl gegen die Neufassung des Infektionsschutzgesetzes Juristen, auch ehemalige Verfassungsrichter, Wissenschaftler, Psychologen, Ärzte und viele weitere fachlich versierte Menschen Sturm laufen, ist die Regierung gewillt, ihren eingeschlagenen, irrationalen Weg unbeirrt weiterzugehen. Sollte es im April 2021 tatsächlich zu einer Zweidrittel-Mehrheit im Bundestag gekommen sein, dann wird staatliche Willkür zentralisiert. Fortan würde der Föderalismus bei der Durchsetzung von Lockdowns umgangen und damit auch die Möglichkeit genommen, dagegen auf der Ebene der Verwaltungsgerichte zu klagen. Als letzte Bastion, die von der Verfassung garantierten Freiheitsrechte vor einer außer Rand und Band geratenen Regierung zu schützen, verbliebe dann nur noch das Bundesverfassungsgericht, dessen Richter von den Parteien bestimmt werden. Die Äußerungen ihres aktuellen Präsidenten lassen derzeit wenig Hoffnung, dass es dieser großen Verantwortung gerecht wird. Am 15. April kündigten die Innenminister Seehofer und Strobl an, Corona-Demonstranten müssten damit rechnen, „dass wir den gesamten rechtsstaatlichen Gerätekasten auspacken, dazu gehört auch, dass man immer sieht, wer unter welcher Fahne läuft und links und rechts mitläuft." Wie weit will die Politik die autoritäre Verdrehung der Wirklichkeit eigentlich noch treiben? Bis als einzige Möglichkeit, für den freiheitlichen, demokratischen Rechtsstaat einzutreten, der zivile Ungehorsam übrig bleibt? Wer im Schlafwagen der Demokratie verweilt, merkt nicht, wenn der Zug in die falsche Richtung fährt. Es wird Zeit, aufzuwachen und sich in den Maschinenraum zu begeben. Dort wartet einiges darauf, wieder geradegerückt zu werden.

Zusammenfassung
Der Staatsvirus: Eine Gesellschaft verliert ihre Immunität

Covid-19 ist eine ernste Erkrankung ...
Man kann es gar nicht deutlich genug sagen: Covid-19 ist eine ernste Erkrankung, an der manche der Infizierten schwer zu leiden haben. Aber Covid war zu keinem Zeitpunkt eine ernste Bedrohung für die Gesellschaft, erst recht keine Epidemie nationaler Tragweite (siehe Teil 1). Außerhalb der bewährten Hygieneregeln sind deshalb die zusätzlichen Corona-Schutzmaßnahmen weder verhältnismäßig, noch sind sie in der Lage, den Infektionsverlauf relevant zu beeinflussen. Allen voran der Lockdown. Die einzig vernünftige medizinische Schlussfolgerung der Corona-Pandemie lautet, eine sofortige Kraftanstrengung einzuleiten, um die Bedingungen in der Altenpflege endlich an die Bedürfnisse einer immer älter werdenden Gesellschaft entschlossen anzupassen (siehe Teil 2).

Doch stattdessen verweigern sich die Verantwortlichen in Politik und Gesellschaft weiter der Wirklichkeit. Gefangen in ihrer eigenen Paranoia, treffen sie eine Fehlentscheidung nach der anderen, völlig blind für den unfassbaren Schaden, den sie damit in der Bevölkerung anrichten. Wie ein Staatsvirus verbreiten sich in den Institutionen Panik und Inkompetenz in einem erschütternden Ausmaß. Seit einem Jahr verlässt die Regierung dabei den Grundkonsens eines demokratischen Rechtsstaats und bricht ein Grundrecht nach dem anderen. Dass gegen die protestierende Bevölkerung sogar Stasi-Methoden angewandt werden, ist nicht hinnehmbar. Doch die Gerichte, die die Aufgabe haben, über die Gesetze zu wachen, verhalten sich abwartend, während das Land weiter in die größte Verwerfung seit dem Zweiten Weltkrieg geführt wird.

... Corona jedoch ist ein Symptom einer Gesellschaft auf Abwegen
Doch Corona ist nicht die Ursache des Abgleitens in einen dilettantischen Despotismus, sondern nur dessen Symptom. Die Aufgabe des Grundkon-

senses eines aufgeklärten, demokratischen Rechtsstaates hat eine Vorgeschichte. Seit Jahren breiten sich neue autoritäre Bewegungen sehr erfolgreich innerhalb unserer Gesellschaft aus. Inzwischen dominieren sie die öffentliche Meinungsbildung. In Folge werden Vernunft und Kompetenz zunehmend ausgeblendet zugunsten eines Moralismus, der Massen manipuliert, aber an der Realität scheitern muss. Corona hat diese Fehlentwicklung lediglich in aller Breite erkennbar werden lassen.

Wer sich dieser Erkenntnis öffnet, dem sollte auch klar sein, dass autoritäre Moralisten immer weitermachen. Sollte es nicht mehr gelingen, den Corona-Wahn aufrechtzuerhalten, steht der nächste angebliche Weltuntergang bereits vor der Haustür. Wieder wird es nicht um gute Lösungen gehen, sondern um die Fortführung des Umbaus zu einer autoritären Gesellschaft. Diesmal im Namen des Klimaschutzes.

Schluss
Zurück zur Normalität – nur wie?

Corona – der Schuss vor den Bug

Mit meinen Freunden spreche ich oft darüber, wie wir den Irrsinn beenden und wieder zur Normalität zurückkehren können. Manche glauben, dass wir die Talsohle noch nicht erreicht haben. Nachdem seit Jahren allein das Äußern eines vernunftbasierten Arguments genügte, um an den Rand der Gesellschaft gedrückt zu werden, glaube ich jedoch, dass wir an einem Wendepunkt angelangt sind. Der bisher duldsamen Mehrheit wird durch den Umgang mit der Corona-Pandemie langsam bewusst, dass es an die Substanz geht, wenn wir so weitermachen. Zwei Dinge stimmen mich optimistisch.

Im Zuge der Kritik an der Corona-Politik habe ich im letzten Jahr so viele großartige, kompetente und herzenskluge Menschen kennengelernt wie noch nie zuvor in meinem Leben. Kollegen, Mathematiker, Chemiker, Biologinnen, Apotheker, Ingenieure, Physiker, Fachbeamte, Rechtsanwälte, Autoren, Journalisten, Eltern, Großeltern, Studenten und viele mehr. Ohne sie hätte ich dieses Buch nicht schreiben können, wofür ich mich bei allen herzlich bedanke. Mit diesen fantastischen Menschen wäre es ohne Probleme gelungen, Deutschland vernünftig durch die Pandemie zu bringen, ohne daraus eine Staatskrise zu machen. An Fähigkeit mangelt es diesem Land weiß Gott nicht.

Corona hat die Bandbreite der Menschen, die sich aus der öffentlichen Debatte ausgegrenzt fühlen, deutlich erweitert. Der öffentliche Pranger betraf bisher Themengebiete, in denen der große gesellschaftliche Schaden gesinnungsethischer Entscheidungen eher schleppend spürbar ist. So machten sich viele die demokratische Schieflage in Deutschland nicht bewusst und manchmal begrüßten sie sie sogar, weil es um die „richtige" Sache oder gegen „rechts" ging. Doch nun spüren alle die unmittelbaren Folgen dieser ideologisierten Politik. Und viel mehr Menschen als früher erleben, was es bedeutet, sich gegen den aktuellen autoritären Mainstream zu stellen. Es ist schon kurios, wie Corona-Kritiker, die gegen die Regierungsmaßnahmen mit Symbolen des alten Klassenkampfes, wie Che-Guevara-Plakaten, protestieren, von jungen Antifa-Extremisten als „Nazischweine" beschimpft werden. So macht die Corona-Krise im Zeitraffer vielen Menschen bewusst, dass die alten Lager nicht mehr funktionieren, und das ist gut so. Heute geht es um Vernunft gegen Moralismus, Aufklärung gegen Extremismus, Freiheit gegen autoritäre Übergriffe, egal welcher Couleur.

Vielleicht ist Corona genau der richtige Schuss vor den Bug, durch den wir noch rechtzeitig einen Kurswechsel einleiten können, ohne zu kentern. Denn das Virus schert sich wenig um Unfähigkeit und wird wie alle Tardivepidemien von selbst zurückgehen. Doch wäre eine echte Bedrohung für die Gesellschaft zu meistern gewesen wie ein wochenlanger Energieausfall mit sofortigen Versorgungsengpässen oder ein Währungszusammenbruch oder, ja, eine wirkliche Killerseuche, dann gnade uns Gott mit dem derzeitigen Führungspersonal in Politik, Wissenschaft und Institutionen.

Der Schlüssel liegt in der freien Debatte

Wenn wir wieder zur Normalität zurückkehren wollen, dann nicht zur Normalität von 2019. Denn damit hätten wir für unsere Zukunftsfähigkeit wenig erreicht. Wir brauchen eine Normalität, in der man seine Meinung frei sagen kann, ohne dafür ausgeschlossen zu werden, in der es eine starke politische Opposition gibt, in der eine Presse informiert und Fehlleistungen der Regierung kritisiert, in der die Universitäten den freien akademischen Geist verteidigen, in der Politiker sich als Diener des Staates sehen und nicht umgekehrt, in der sich die Polizei auf Verbrecherjagd beschränkt und in der das Verfassungsgericht die Verfassung schützt. Wir müssen zurück in ein Land, in dem die Grundlagen einer erfolgreichen rechtsstaatlichen Demokratie nicht leichtfertig aufs Spiel gesetzt werden. Doch wie?

Als Arzt glaube ich an gute Therapien. Hier drei Vorschläge:

Schritt 1: Angst überwinden.
Wer immer noch der Panikstrategie vertraut, der möge sich einen Entspannungstee einschenken und das Kapitel 1 lesen. Vertrauen Sie Ihren Wahrnehmungen und keiner billigen, hochemotionalen Horrorpropaganda, die Sie nur am Nachdenken hindern will.

Schritt zwei: aktiv werden.
Die bürgerliche Mitte muss heraus aus ihrer Komfortzone, die Ränder sind schon viel zu mächtig geworden. Akzeptieren wir nicht mehr die hanebüchenen Angriffe auf Verantwortung und Augenmaß. Verlangen wir überall, wo über wichtige gesellschaftliche Themen diskutiert wird, in Familien, Betrieben, Vereinen, Universitäten, Parteien und Kirchen, angemessen zu Wort zu kommen und sich vernünftigen Argumenten zu stellen, anstatt sie aus Gründen einer angeblich höheren Moral undemokratisch auszugrenzen.

Wenn Medien „Haltung zeigen", statt zu informieren: einfach umschalten und mit „Westfernsehen" vergleichen! Die üblichen Nazi- und Leugner-Stempel einfach ignorieren und bei Gelegenheit freundlich darauf hinweisen, wie billig es doch ist, auf dem Rücken der wirklichen Opfer des Nationalsozialismus die Meinungen anderer unterdrücken zu wollen.

Schritt drei: wählen gehen.
Ich gebe zu, das ist derzeit nicht einfach. Die Auswahl an Parteien, die Verantwortung vor Gesinnung stellen, ist nicht gerade berauschend. Kleiner Tipp: Misstrauen Sie allen Regierenden, die im Sommer gönnerhaft „Freiheiten gewähren" werden. Nach der Bundestagswahl werden sie „die Zügel wieder anziehen". Doch wenn wir Schritt eins und zwei deutlich mehr als bisher beherzigen, dann werden auch Politiker, die noch wissen, was Verantwortung ist, eine bessere Chance bekommen, sich in ihren Parteien durchzusetzen. Wir helfen diesen Politikern, wenn wir schön klingende, aber in Wirklichkeit totalitäre Utopien auf ihre tatsächlichen Folgen hin abklopfen. Und wenn wir von Parteien, statt eines Kniefalls

vor dem autoritären Zeitgeist, vernünftige und pragmatische Lösungsansätze realer Probleme verlangen.

Der Schlüssel zurück zur guten Normalität eines demokratischen Rechtsstaates liegt in der angstfreien, offenen, manchmal harten, aber immer respektvollen Debatte um die besten Lösungen. Holen wir uns diese freie Debatte wieder zurück, überall und jederzeit. Dann wird es vielleicht auch wieder möglich, eine Virusepidemie medizinisch statt ideologisch zu bekämpfen.

Das wünsche ich uns und unseren Kindern von Herzen.

Quellen, Literatur und Links

Die umfangreichen Quellen und die für die Recherche zu diesem Buch verwendete Literatur einschließlich der vielen Internet-Links können Sie in dem Corona-Dossier auf *Achgut.com* einsehen:
https://www.achgut.com/artikel/gunter_frank_der_staatsvirus_dossier

In diesem Dossier finden sie auch meine umfangreichen Beiträge zur Corona-Lage sowie die zahlreicher Autoren, die seit März 2020 auf *Achgut.com* über die Corona-Krise in all ihren Facetten berichten.

Register

A
Achse des Guten (achgut.com) 7f., 22, 64, 108, 172
Aerosole 39f.
Afrika 99f., 187
Antes, Gerd 45f., 81, 129
Antifa 166ff., 192
Ausgleichszahlung 54f.

B
Beatmung 20ff., 50f.
Bergamo 7, 18, 20, 21, 34, 39f., 76f.
BMI-„Geheimpapier" 70f.

C
CFR 30ff., 42
China 34, 72ff., 77f., 185ff.
CoDAG-Berichte 80f.
CT-Wert 28ff.

D
Diamond Princess 31f., 37
Doppeldiagnosen 53f.
Drosten, Christian 25, 29, 68, 81, 130f.

E
Embolie 18ff.
Evidenzbasierte Medizin (EBM) 69, 128ff.
Exponentielles Wachstum 35ff.

F
Faktencheck 169ff., 186
falsch negativ 26ff.
falsch positiv 26ff.
FFP2-Maske 110, 112ff.

G
Gain-of-Function-Forschung 37f.
Gender Mainstreaming 144, 176
gesunder Menschenverstand 133f., 152

H
Heinsberg 33f., 37, 46
Herdenimmunität 38ff.
Herzmuskelentzündung 17ff.
Hotspot 33, 34f.

I
Imperial College 68, 187f.
Infektions-/Bevölkerungsschutz-gesetz 162, 182, 188
Infektionssterblichkeit (IFR) 30ff., 42, 47
Influenza, Grippe 7, 12, 17, 33, 55, 61
Intensivabteilung 50ff., 103f.
Intubation 20ff., 40
Inzidenz 25, 29f., 86, 128, 153, 178
Ioannidis, John 32f., 79f., 91

K
Kohn, Stephan 88ff., 120, 136
Kreuzimmunität 36ff.
Kroatien 85f.

L
Lauterbach, Karl 81, 85, 131f.
Leopoldina 82, 127, 176ff., 183
Long Covid 16ff., 39, 62
Lufen, Marlene 92f.

M
Massentestung 29
Merkel, Angela 27, 85, 95f., 102f., 161, 177, 180ff.
MIS-C 16ff.
Moerser Modell 22ff., 40, 46
Mutation 36f., 86f.
N
Nationale Teststrategie 29ff., 86, 107
New York 20, 21, 40, 76
Nosokomiale Infektion (Krankenhauskeime) 75f.
Null/Zero-Covid 147f., 178f.
O
Obduktion 17ff., 42, 57

P
Pflege-/Altersheime 33, 34, 38, 64f., 75, 80, 102ff., 175
Polyvagale Theorie 152f.
Post-Peak-Lockdown 82f.
Prävalenz 26ff.
Q
Querdenker 159ff., 185
R
Rationale Intuition 134f.
Reichsbürger 161f.
Reitschuster, Boris 81f., 138, 162, 172
Repräsentative Studien / Zahlen 43ff.
Robert-Koch-Institut (RKI) 17, 29, 42ff., 47f., 73f., 79f., 85f., 91, 114f.
R-Wert 25, 29

S
Schrappe, Matthias 45f., 81, 129, 176
Schulen 97f.
Schweden 78, 79, 84f.
Schweinegrippe 42, 114ff.
Seehofer, Horst 73, 92ff., 136, 188
Selbstzugang/-infiltration 151f., 154
Sönnichsen, Andreas 129
Sterbealter 18ff.
Sterbestatistik 55ff.
Streeck, Hendrik 33f., 148
Strobl, Thomas 138, 161, 188
T
Tardivepidemie 36f., 82, 192
Totenschein 57f.
U
USA 61, 84f.
V
Vaskulitis 16ff., 53
Verfassungsgericht 119, 183f., 188, 192
Verhältnismäßigkeitsprinzip 119ff.
W
WHO 23, 28, 32, 47, 77, 91, 100f., 105, 112
Wissenschaft 125ff.
Wokeness 145ff., 146, 158, 175, 185
Wuhan 20f., 34ff., 63, 68, 72, 77f., 83, 186f.

Sachbuch
Hardcover mit Prägung
Schutzumschlag
200 Seiten
Format: 12,5 cm × 20,5 cm
ISBN: 978-3-9819755-5-0
Preis: 24,00 €
(versandkostenfrei in DE)
Auch als E-Book erhältlich

In unserem Shop:
https://shop.achgut.com

Achgut Edition

Wer, wenn nicht ich
Henryk M. Broder

Dieses Buch ist kein Blick hinter die Kulissen einer Verschwörung, es ist die Zwischenbilanz einer Einwicklung, die vor ziemlich genau vier Jahren mit der programmatischen Vorhersage einer SPD-Politikerin ihren Anfang nahm: „Wir stehen vor einem fundamentalen Wandel. Unsere Gesellschaft wird weiter vielfältiger werden, das wird auch anstrengend, mitunter schmerzhaft sein. Wir werden das Zusammenleben täglich neu aushandeln müssen." –
Das ist inzwischen der Fall.

Satire
Hardcover mit Prägung
Schutzumschlag
224 Seiten
Format: 12,5 cm × 20,5 cm
ISBN: 978-3-9819755-7-4
Preis: 22,00 €
(versandkostenfrei in DE)
Auch als E-Book erhältlich

In unserem Shop:
https://shop.achgut.com

Achgut Edition

The Dark Side Of The Mittelschicht
Thilo Schneider

Das Leben ist kein Ponyschlecken, und die Gestalten, die es bevölkern, drängen sich geradezu auf, von einem alten weißen Mann stellvertretend für seine Alters- und Standesgenossen und ohne Rücksicht auf Verluste vorgeführt zu werden. Die Mittelschicht wird gepiesackt? Nun, dann piesackt sie zurück – von der geharnischten Abrechnung eines Verstorbenen mit seinen Hinterbliebenen bis zum Duell mit der Fleischereifachverkäuferin um exakte 113 Gramm Aufschnitt.

Weitere Bücher von Gunter Frank

Gunter Frank
Schlechte Medizin – ein Wutbuch
2012 Knaus Verlag

Gunter Frank
Fragen Sie Ihren Arzt – aber richtig! – Was Patienten stark macht.
2015 Südwest Verlag

Gunter Frank/Léa Linster/Michael Wink
Karotten lieben Butter – Eine Sterneköchin, ein Arzt und ein Wissenschaftler über traditionelles Kochwissen und gesunden Genuss
2018, Knaus Verlag

Gunter Frank/Maja Storch
Die Mañana-Kompetenz – Wer Pausen macht, hat mehr vom Leben
Neuauflage 2021, Piper Verlag

Gunter Frank/Henning Fritz/Daniel Strigel
Powern & Pausieren – Überleben in der Leistungsgesellschaft mit Konzepten aus dem Spitzensport
2020 Verlag Edition Essentials

Gunter Frank
Lizenz zum Essen: Stressfrei essen, Gewichtssorgen vergessen
2009 Piper Verlag

Weitere Informationen zu meiner Arbeit
finden Sie auch auf *www.gunterfrank.de*